幸運の99%は話し方できまる!

八坂裕子

集英社文庫

はじめに

伝説の美女、クレオパトラ。

彼女の鼻が高いか低いかで世界史が変わったかもしれないなんて仮定はナンセンスだ。クレオパトラの外見美は魅惑力の一部にすぎず、中身にこそホントの凄《すご》さがあったのだと思う。おそらく彼女は話し方によって、大物シーザーとアントニウスのハートをつかんだのだ。声の響きは美しさを湛《たた》え、まるで音楽を奏でるように話したという記録が残っている。

さらに、「彼女と会話をするのは心地よく、その魅力から逃れることはできなかった」「打ちとけて話をする時、彼女が発揮する優雅な魅力は、生来の優しさとあいまって、言葉や仕草に趣きを添え、刺激的な誘惑に満ちていた」（『クレオパトラ』創元社「知の再発見」双書　エディット・フラマリオン著　吉村作治監修）など賛美の文書にはこと欠かない。

話し方。それは相手とこころを交流させるための手段だ。仕事や生活のシーンでも話し方が占める範囲は広い。話し方ひとつで不満を満足に変え、幸せ感を味わうこともできる。そう、実は〝話し方〟と〝幸せ〟とは切っても切れない関係にあるのだ。ところがその密接ぶりはまだ注目されず、話題にさえなっていない。

　ほとんどの人が〝幸せ〟には関心がある。追求もしている。にもかかわらず、〝話し方〟には無頓着だ。「会話がヘタで……」「人間関係が苦手で……」と言いつつ、とりあえずの話し方でその場をしのぐ。

　〝幸せ〟を望むには運勢がいちばん頼りになると思い込み、星占いに一喜一憂したり、運気がよくなるマニュアル本に従って暮らしたりしている。バカバカしい。それでは幸せと親しくなるどころか、不幸せにぐいぐい接近していくばかりだ。

　とにかく、〝幸せ〟は当代きっての人気者なのだ。あちらこちらで引っ張りだこである。好きな相手に好かれるよりも〝幸せ〟とコンタクトを取るほうが遥かに競争率が高いということを覚えておこう。

　なりたい自分になる――なんて悠長なことは言ってられないのだ。そのフレーズはいかにも積極的で向上心が強いように聞こえる。が、観念的で曖昧《あいまい》でもある。それよりは、なれる自分になる――と現実に立ち、できることから始めたほうがいい。

　幸せになりたい自分になる。幸せになれる自分になる。その違いは大きい。幸せになれる自分になりたければ、話し方チェックからスタートだ。まず、日常会話の口癖をピックアップする。あなたはどんな話し方で毎日を過ごしているのかな。

「口癖が使用禁止になったらなんにも話せなくなっちゃう」と言っている場合ではない。そう言っている間にも、時間はスタコラ駆けぬけていく。焦りを味わおう。変わらなくちゃとこころを奮いたたせるチャンスだ。

たとえば、ウォーキングのレッスンでは、歩き方の癖が指摘される。姿勢が悪いと美しく見えない。話し方も同じだ。口癖と向きあい、なぜそのフレーズとつきあうようになったのかを徹底的に解明しよう。そうすると、あなたは自分自身について詳しくなる。詳しくなることであなたには力がつく。〝幸せ〟を迎えにいく力、捜す力、育てる力がつくのだ。

難しいトレーニングではない。会話の生活習慣を変えるだけである。「面倒くさい」―「大変そう」と言っているかぎり、あなたは永遠に幸せになれないだろう。

現在、口癖はあなたの隠れミノになっている。無意識のうちにあなたは口癖で自分自身をガードし、偽装しているのだ。口癖を洗い流したら、あなたのこころの素肌が現れるにちがいない。

果たして〝話し方〟は〝幸運〟のナビゲーターか。幸運の99％が話し方できるのか。あなた自身が実験し、確かめて欲しい。

幸運の99%は話し方できまる！　目次

PART 1

質問力

PART 2

依頼力

PART 3

説明力

PART 4

感受力

PART 5

反応力

幸運の99%は話し方できまる！

本書は、二〇〇六年十一月にbe文庫として集英社より刊行された作品を再編集しました。

本文デザイン　篠田直樹（bright light）

PART 1

質問力

あなたはこれまで、誰かにされた質問のひと言にカチンときたり、ムッとしたりしたことはないだろうか？　なんて不躾《ぶしつけ》な！　とか、大きなお世話よ！　などと言い返したいが言い返せず、いっとき不愉快な痛みでギラギラになる。

けれどやがて、相手の質問に傷ついた自分は未熟なのかもしれないと考え、痛みを忘れようとつとめる。できるだけ早く記憶から追い出そうとするのだ。

その結果、恐ろしいことが起こる。しばらくするとあなたはあろうことか、されていやだったのと同じ質問を誰かに投げかけているのだ。

痛みをうやむやにした後遺症か、〝話し方〟の大切さに気づかないで放っておくと五感が鈍くなり、他人の口癖に感染しやすい体質になってしまうのである。

そして人間は、〝話し方〟に対して無知のままでも一応生きてはいけるので、鈍化はどんどん進む。

そこで、チェックタイムだ。

あなたの毎日で生活習慣化していそうな口癖を取り上げ、そのフレーズの生い立ちとゆくえについて一緒に考えてみよう。

何を質問したらいいかわからない。質問したいことはあるが、どう表現したらいいかわからない。その悩みは誰もが抱えている。だから、口癖ウイルスを吸い込み、安易に惰性で会話をすることになるのだ。

つまらない。口癖で話していては、あなたも相手もつまらない。人間関係がギクシャクして楽しい展望がゼロになるのは、関係そのもののギクシャク以前に話し方に原因があるのだと思う。

顔と顔を向きあわせて話す場合、メールでおしゃべりする場合、口癖中心で会話をすれば、最初はノリがよく会話も弾むかもしれない。しかし、じきに退屈モードになるだろう。いつものように始まり、いつものように終わる話しかできないからだ。きまり文句が誘《いざな》う先は、やはりきまりきった見解であり、定番のオチである。新鮮さは薄れ、あなたの生活は日一日と暗くなり、元気を失《な》くしていくにちがいない。さ、まだ間に合う。暗記したりセリフを並べるような会話生活から脱出して、あなたにしか浮かばない質問を声に出して言える力を育てよう。

質問力をつけるには、トレーニングしかない。スポーツ選手たちが積むエクササイズと同じだ。〝話し方〟ジムで、口癖シンドロームにさよならして、幸せになる覚悟を決めるのだ。

1 「だから、どうしたの？」

会話の途中で、突然あなたの口からこのフレーズが飛び出した。たとえ笑いながら言ったにしろ、あるいは口調が優しかったにしろ、「だから」のひと言が入ったことで相手の耳には尖《とが》って痛く感じられるだろう。

だってそこには、「さっさと話したら？」「うるさいなあ」「もういい加減にして！　私がその話題に興味がないってこと、わからないの？」というトゲのニュアンスが込められているから。

真っすぐな質問形の場合は、「それで、どうしたの？」という訊《き》き方になる。それなら相手は不快感を覚えず、「実はね」と、会話のキャッチボールのトーンは崩れない。

けれどあなたは目下の会話を楽しいと感じていない。うっとうしいのだ。そこで「だから」という接続詞をあえて使った。

相手に結論を急《せ》かせる。といって返ってくる答えには期待していない。

▼相手の心中は……

あなたのひと言で、相手の話す意欲が消える。さらにムカムカした気分を味わい、あなたに対して密《ひそ》かに怒る。その結果、信頼感が消え、ひんやりした空気が流れる。どういう間柄にしろ、そうなると思う。

しかしあなたは気づいていない。人望を失ってしまったことを。上の空の対応に相手は傷ついた。相手があなたにこころを開くことはもうないだろう。

▼あなたの失敗のスパイラル

面倒くさいことが嫌いなあなたは、自分が関心のない話は聞きたくない。「だから、どうしたの？」のひと言で相手が黙れば、それで十分。「黙れ」と言ったわけではないのに、相手を黙らせることができたのだ。でもそれはただの自己満足でしかない。

その口癖によって、あなたは〝ガサツな人〟というイメージを相手に与えてしまった。おそらくあなたは、「だから、なんなのよ、文句ある？」「だから言わないことじゃない」と、「だからぁ」とか「だから」の常用者なのだ。無意識のうちに、「だから」をバリアにして自分の内面を表さない話し方を身につけている。そうした生活習慣で、あなた自身が不安やイライラも味わっているのではないかしら。

ステップアップするために

あなたは相手の話を聞くのが苦手である。というより、ほとんど聞いていない。聞けないのだ。いつもあくせくと忙しい。実は聞くことだけでなく話すことも不得意なので、周囲の人たちにそれがばれないように虚勢を張っているのだ。

あなたは自分の弱点を他人に見せたくない。そこで結論を重視する。何がどうしてこうなるというプロセスなど問題じゃないと考えている。終わり良ければすべて良しがモットーなのだ。

〝話し方〟についても、それほど大事だとは考えていない。あなたの目標は仕事ができて人気のあるキャラクターになることだ。目標に到達するまでの悩みや迷いや努力は隠しておきたい。

そういう価値観の持ち主なので、あなたはグズグズノロノロの会話はまだるっこくて我慢できなくなるのだ。そんなヒマないのよ！　と叫びたくなるのだろう。

けれどそれでは、あなたの未来は真っ暗だ。これからはどんな職種であれ、〝話し方〟ぬきの幸せやサクセスはありえない。

自分について話すことができる力も必要だが、他人の話を聞く力を習得することのほうがさらに切実な課題である。もしも各駅停車的話し方をする人に出逢《であ》ったら、じっと耳を傾けることだ。あなたとは異なる話し方をする相手があなたに質問力をつけてくれるのだ。「だから？」ではなく、「それで？」と話のつづきを聞く。プロセスを聞く。結論なんてどうでもいい。これまであなたが重要視していたことと軽視していたことを入れ替えて考えてみよう。

あなたは相手を緊張させるような訊き方、萎縮させるような訊き方、脅すような訊き方が、強さを表す訊き方だと思っていなかったかな？

質問が相手のハートの奥を刺激し、「うわっ、この人と話したい！　この人に聞いてほしい！」と感じさせられたら素敵だ。

相手のこころへのアプローチ。

そのためには自分の内面ともっと親しくならなければならない。虚勢を張って自分の弱点に塩を振りかけて引き締める習慣とはお別れだ。そうしないとあなたは他人に対してもすぐ塩を一振りする癖から抜け出せないだろう。

2 「好きな人、いるんですか？」

気になる男性の気になる個人情報。いちばん知りたかったことなので、あなたは単刀直入にズバッと訊いた。

相手は「えっ？」と一瞬黙って、「そうだなあ。どうして？」と逆に質問を投げ返してきた。今度はあなたが困る番だ。

「だって……」とモゴモゴ。

「気になるんです」と言えばいいのに、言えない。

そのフレーズはあなたの口癖なのだ。気になる男性に対して、いつも最初の質問がそれだ。しかし大抵は「まあね」とはぐらかされるか、「たくさんいるよ」とからかわれるかで、ホントのことは誰も話さない。

それでもあなたは自分の話し方に問題があるとは思わず、また繰り返す。相手がホントのことを言わないのは、好きな人がいるからだろうと思い込むのだ。そして自分はツイてないと嘆くのである。

▼相手の心中は……

好きな人がいるかどうか——そのフレーズは、彼の耳には「あなたに関心があります」の同義語として届く。そこで、自分が関心を持たれているかどうかを知る手間が省けるのだ。だから彼はあなたにアプローチすることがない。

でもあなたはアプローチされない原因が話し方にあるとは思っていない。モテない自分を嘆くばかりだ。

あなたがモテないのは、話し方にガツガツしたところがあるからじゃないかな。質問をする場合、そこには順序というものが求められるが、あなたは順序を無視してズバズバ訊いていく。それによって焦りが相手に伝わる。

好意は一刻も早く伝えなくちゃと考える気持ちは間違っていない。けれど早ければいいってものでもない。化学の実験だって順序を無視し、ひたすら早く突っ走れば、爆発したりするでしょう。

質問はきちんと段階を踏むことだ。そうすれば相手には丁寧さが伝わる。マナーのある質問からは本気が感じとれるので、答え方も丁寧になる。

雑な質問をすれば、相手からの丁寧さは返ってこないのである。

▼あなたの失敗のスパイラル

あなたはどちらかというと性急で、ものごとを白か黒かで判断しがちだ。質問の仕方も面接試験のような紋切型。明るく振る舞うが感情表現は苦手である。

自分の感情を抑え込む話し方が習慣化しているので、相手の感情を大事にしない傾向がある。ということは、どうしても会話の内容が貧しくなり、質問もありふれたひと言になってしまうのだ。

今回もあまりにそのものズバリで、かつ平凡な訊き方をしたことで、恋愛のチャンスをひとつ逃がしたかもしれない。

ステップアップするために

あなたはあなた流の話し方をすればいい。けれどそれはいくつかのルールを踏まえた上でのあなた流であることだ。

スポーツがルールで動くように、共通の認識がないと会話も成立しない。まず、質問をするには順序があり、段取りをつけて話すことが基本だということを身につけよう。

気まぐれな質問や突飛な質問がキラッと魅力を放つのは、きちんとしたベースがあってこそだ。

あなたは順序を追って時間をかけて、少しずつ相手のことを知り自分のことを伝えるという話し方からレッスンしよう。つまり各駅停車の話し方だ。焦らずにゆっくり聞く。ゆっくり話す。

主語や動詞は省かない。形容詞の種類は色の数だ。多いほど楽しくなる。いつもいつも「かわいい」では貧弱な質問しかできないので、意識的に手持ちの形容詞を増やそう。

あなたは誰かを熱く好きになると、相手も自分を熱く好きになってほしいと願い、妄想過多になりやすい。

たぶん、〝運命の人〟という表現にもこだわっているのではないかしら。運命の人と出逢いさえしたら、幸せになれると思い込み、そのときをひたすら待つ。それは幻想である。妄想と幻想のモヤモヤの中にいるのは危険だ。あなたの幸せを左右するのは運命ではない。〝話し方〟だ。

「好きな人、いるんですか?」と、無意味で、かつ品格を下げる質問はしないこと。どうしても訊きたいのなら、せめて「大切な人、いるんですか?」という質問にしよう。

相手は「うーん、大切な人か……」と、ちょっと悩むだろう。悩ました分があなたのポイントになる。

〝話し方〟は柔軟でおちゃめで可能性あふれる手段だ。相手からアプローチされないときは、あなたからアプローチすることだ。

〝好きな人〟と〝大切な人〟とでは、言葉が持つ意味の深さが異なる。そういうフレーズを投げかけられると、相手はあなたに知性を感じ、ハートがキュンとするかもしれない。

3 「週末は何するの？」

恋びと同士の楽しい関係なら「週末、何する？」になるだろう。二人一緒に、さて何をして過ごそうかという相談の問いかけだ。恋びと同士だけど、時々はそれぞれの時間を過ごすスタイルの二人なら、クールに「週末は何するの？」でもいいだろう。しかしあなたの場合は口癖になっている。会社の同僚に「週末は何するの？」と訊く。相手は迷惑そうに「別に」とか「好きなことよ」と言って、あなたをチラッと見やり、姿を消す。それ以上話したくないというサインだ。

ところが、あなたは相手の反応に対して鈍いのである。どうしてみんなははっきりと答えないのかなと思う。自分が訊かれたら、掃除とか洗濯とか具体的に言えるのに、なぜ誰も自分にはその質問をしないのか不思議なのだ。

▼相手の心中は……

あなたはどうでもいいような質問をするのが口癖になっている。会話はおつきあいだと考えているからだ。相づちを打つことや会話の途中にチャチャを入れたりすることも大切だと思い込んでいる。

会話とは、自分自身の考えを述べる手段ではなく社会生活の潤滑油的ものだと考えているのだろう。だから会話は常にやっかいで、特にあらたまった会話は苦痛だ。緊張すると何を言っているのかさえわからなくなる。

そういう意識を持ち、潤滑油としてせっせと気遣いをしているのに人間関係はうまくいかない。

なぜなら会話は摩擦を少なくするためのオイルなんかではないからである。

そらぞらしいひと言やなれなれしいひと言に相手は敏感に反応を示し、あなたとの関係に無関心になる。あなたを寄せつけなくなるかもしれない。それくらい、あなたは相手のこころを不快にしているのだ。

▼あなたの失敗のスパイラル

もともとあなたは、生活や人間関係全般に関して思い込みが激しい。相手にチラッと睨《にら》まれてもたじろがず、すべて思い込みで納得していないかな。

常用フレーズを口癖だとは考えず、自分の他人を思いやる気持ちが伝わらないのは会話下手のせいだときめてかかっているので、相手が無愛想なリアクションをするたびに、「あー、私って会話下手……」と確認するだけである。

なぜ自分が会話下手なのかについて、自問自答はしない。自答するだけだ。サビついた思考回路に新しいサビを加えて、あなたはさらに野暮ったさに磨きをかける。

ステップアップするために

会話は自己表現のためにに存在するのだということを知っておこう。

人工的な親しさづくりのために会話があるのではない。質問したくない事柄については訊く必要はないのだ。むしろ黙っていたほうが質問力はつく。

会話の距離感。

あなたと相手の間に、どのくらいの親しさがあるかないか。眼では測れないへだたりを五感でキャッチしていく。

「週末は何するの?」という質問には、プライベート侵入欲を感じる。私的な時間をジロジロ鑑賞したがっているアングルもちらつく。

きっとあなたの意識はそこまで深くはないだろうが、相手へは悪印象を与えるのだ。それというのも距離感への認識が希薄だからである。

距離を縮めることが親しさのバロメーターではない。親しくなければ、親しくないという距離をキッチリ置くのが心地よいつきあい方だ。

無理に何か言おうとしなくてもいい。黙っているという意思表示が相手にあなたのこころの状態を伝えるのだ。声にする言葉はないが、微笑む気持ちはある。だったら、黙ったまま微笑む。それによって「あなたと同じ空間と時間を共有していますよ」というコミュニケーションがとれる。言葉で質問はしていないが、微笑みが発する晴れやかさやのどかさが相手に安心感を運び、何も質問していないのに話しだしたり、逆に相手からあなたに質問のボールが投げられたりするだろう。

微笑みかけるという質問力を身につけると、野暮ったさが洗練されてゆき、関係性が芽生えるのだ。

4 「A男さんって、モテるでしょ？」

どういう根拠で、あなたはそういう質問をしたのか。根拠はひとつ。A男さんのことを魅力的だと感じたからだ。けれど、「A男さんと一緒にいると楽しい」とか「A男さんの話し方は率直で気持ちがいい」とは言えない。自分の感情を隠して話すのがあなたの口癖になっているのだ。

相手は困った表情を見せる。気まずいムード。会話が滞る。というのは、相手がなんと言っていいかわからないで黙ってしまったのである。自分は褒められているのか、からかわれているのか。

あなたは褒めたつもりなのだ。牽制球《けんせいきゅう》でもある。間接的にアプローチもしている。自分はここにいて、A男さんにかなりうっとり気味だと伝えたいのだろう。でもA男さんにはファンが多そうだし、自分が接近する余地はないでしょうねという婉曲《えんきょく》な問いかけ入りのフレーズだ。

ただ、あなたは積極的ではない。アプローチなんてとんでもないと否定する。単に褒めただけだと本心をごまかすのである。

▼相手の心中は……

相手が「どうしてそう思うの？」と訊いてきたら、あなたは「なんとなく」と答えて、その先はうやむやのまま逃げるのだろう。せっかく、好感を持った相手と会話するチャンスを持ちながら、そのチャンスをまったく生かせない。

あなたは相手に好感を持ったと伝えるのが怖い。あなたが期待するのは、自分の好感に対して相手も好感を差し出してくれることだ。それが約束されないかぎり、自分から先にこころをオープンにはできないのである。

以心伝心ということが起こると信じて、「A男さんって、モテるでしょ？」を繰り返す。自分が何を伝えたいのか察してほしいと願うのだが、相手は大抵が驕《おご》らない性格なので、あなたの気持ちを察することなく、視界の外に置いたまま去ってゆく。

▼あなたの失敗のスパイラル

あなたはまたしても失敗してしまった。相手の魅力に感じ入ったことを伝えそこなったのだ。そんな大切なことを口癖で伝えようとした愚かさに気づこう。

口癖依存では絶対にあなたのこころのデリカシーは相手に届かない。相手のこころに接近するには、自分もこころを開いてみせるしかないのである。

あなたはきっとこころを開くことへの恐怖心があるのだろう。かつて何回か開きかけては相手に拒絶されたという記憶が甦《よみがえ》るのかもしれない。

そう、誰にとってもこころを開くって大仕事だ。でもトレーニングをつづけることでその先に進める。エラーにめげないことだ。たとえエラーをしてしまってもしょげず、問題は口癖にあると認めよう。あなたがアプローチ下手というより、口癖という習慣の性質が、根っからのアプローチ下手の原因なのだ。

ステップアップするために

素直に話すのは簡単ではないと思う。まして「好き!」を意識する相手には緊張キリキリ。どう話したらいいか混乱し迷っているうちに時は流れる。

けれどそうしたドキドキソワソワの気持ちを隠すのは危険である。気持ちを隠せば、たちまち口癖を呼び込むことになるからだ。

しどろもどろでギクシャクしたメチャクチャな話し方で結構。そのグチャグチャ状態をさらけだしたものが、素直さの正体だ。まとまっていないと、かっこ悪いかもしれないが、あなたのこころのリアリティが表現されていて、思いがけない何かが相手に働きかけたりする。

ところが口癖で話すと、そうはいかない。どんなにキラキラした熱い想いも一般論化されて、口癖が個性の輝きを奪い取るのだ。

「私はこう思う」「こう感じる」とまっすぐ伝えたいのに、「みんなはこう思う」「みんなはこう感じてる」という普遍的アングルで語ることになる。

TVのワイドショーに出演するコメンテーターの話の内容は、大体が一般論だ。「人間ってそういうものですよね」と、世間の常識やモラルをものさしにして社会現象や人物評論をする。視聴者をできるだけ傷つけないための配慮かもしれないが、それがTVの限界でもあるのだろう。

あたらずさわらずの話し方は主体性がないので面白くない。あなたの話し方にもコメンテーター的要素がある。安全圏内を出ない話し方なのだ。

「A男さんって、モテるでしょ?」などと月並みなフレーズは口にせず、「A男さんって保守的じゃなくてステキ。他の人と話し方が違う」とはっきり言葉にしよう。「ホッとします」「またお話聞かせてください」「話し方を勉強したいんです」と真っすぐ感想を述べる。質問力の芽は、あなたの向上したい気持ち、好奇心、失敗を怖がらない考え方などのこころの動きによってグイーッと背を伸ばすのだ。

5 「あらぁ、B子さんらしくないですね」

仕事ができると評判の先輩B子さん。周囲との人間関係も良好で、笑顔がチャーミングなB子さんだ。その人がミスをした。あなたは思わず、「あらぁ、B子さんらしくないですね」と、ひと言。相手は怒りのまなざしをこちらに向け、それっきりあなたとは口をきかなくなった。

B子さんの態度に合点がいかない。あなたとすれば相手の実力を知っているので、とても驚いたということを伝えたかっただけなのだ。相手は誤解したのだろう。なんとかしてまた以前のようになりたいのだが、方法が見つからない。あなたは会話の難しさに疲れ果て、仕事に対してもやる気を失くしつつある。原因が自分自身の口癖にあるとは考えたこともない。

▼相手の心中は……

B子さんはあなたの話し方に傷ついた。カチーンときたのだ。経験の浅い後輩のあなたに自分のミスを嗤《わら》われたように感じた。侮辱だ。許せない。前後の事情を知りもしないくせに、失礼な。

あなたは先輩のミスを大したことと思っていない。励ましたい気持ちもあり、冗談めかして言ったのだ。けれどB子さんは、礼儀を知らない後輩だとあなたに失望した。あなたへの期待感もなくなった。

ミスをしたことを「しまった!」と悔やんでいるB子さんに対して「らしくないですね」とあっけらかんと言ってしまうあなた。あなたには仕事への意気込みや責任感がないのだと思う。オフィスとキャンパスの区別がつかないのかもしれない。認識が甘いと思われても仕方ない。

社会生活にミスはつきもの。ミスから特訓を受けることだ。話し方のミスだって同じ。誤解されたことを嘆くより、これからは誤解されたと感じたときは、自分の話し方に原因アリと自覚しよう。

▼あなたの失敗のスパイラル

B子さんに「らしくないですね」というフレーズを発してしまった背景には、あなたの依存心がある。それまでB子さんに目をかけられていたのかもしれない。

そこで、親しさついでに余計なひと言を口にしてしまったのかな。おそらくB子さんの態度は軟化しないだろう。そうやって人間関係は接近したり離れたりしながらそれぞれの道を進んでいくのだ。この経験はきっと教訓となるのではないかな。

ステップアップするために

〝らしい〟という表現は断定的ではなく婉曲に表すときに使う。だから柔らかい印象を与えるかといえば、実は曖昧でいい加減で内容がしっかりと見えない状況のときに使われる。「どうも彼は欠席らしい」「明日は雨になるらしい」「あの話は大丈夫らしい」などが、〝らしい〟にしっくりする場面だ。

〝らしい〟や〝らしくない〟はマナーをわきまえて使わないと失敗率が高くなる。「そのジャケット、先生らしくないですね」と言うより、「そのジャケット、いつもの先生のセンスと違いますね」と言ったほうが感想として相手に伝わる。

丁寧な話し方というのは、敬語をちりばめた話し方ではない。上の空でヘラヘラと無造作に喋《しゃべ》るのではなく、そのときそのとき、相手とのこころの関係、立場の関係、事情や局面を意識しながら工夫して話すことだ。ちょっと骨の折れることかもしれない。しかし幸せをつかむための話し方が簡単すぎてはスリルがなくてすぐに飽きてしまうだろう。面倒くさいくらいでちょうどよいのである。

とにかく手数をかけ、手間をかけ、気持ちを相手に伝えようとする意欲が丁寧さを生む。「伝わってる?」という気持ちが風になって、相手へ問いかけるからだ。

「B子さんらしくないですね」のフレーズの裏には「B子さんらしいですね」のイメージがあなたにはあるのだろう。それはほぼ決めつけである。

誰かや何かを〝らしい〟〝らしくない〟でくる話し方が口癖になっていないだろうか。多様な表現が苦手なので、なにごとも〝らしい〟と〝らしくない〟で表現しようとする。

その結果、想像力と創造力の発育が遅れる。すると悪循環で〝らしい〟〝らしくない〟の出番がひんぱんになるのだ。

あなたは〝らしい〟〝らしくない〟を使わずに話すトレーニングをしてみよう。この二語をカットして話していると、不便になり、本気で話し方について考えざるをえなくなるだろう。

6 「誰がそう言ったの？」

オフィスの上司が退職した。悪い噂がちらほら。あなたは真偽に関心があり、「誰がそう言ったの？」と同僚に訊く。

会話をしながら、あなたはすぐに「誰が？」とか「どこで？」という訊き方をする。具体的に詳しく知りたいと望んでいるわけではない。単なる口癖なのだ。

たぶんあなたは、相手の話全体に耳を傾けているのではないのだろう。ぼやっと聞いている。ちらっちらっとよそごとに気を取られ、相手の話は表面のみを聞くのが習慣だ。

たとえば一枚の絵を見て、人物画か風景画かを判断するのに似ている。人物画のときは「誰が？」になり、風景画のときは「どこで？」と訊くのである。

▼相手の心中は……

あなたの口癖に気づいた相手は、あなたにはもう大切な話はしなくなる。せっかく話をしても、あなたは聞いていない。返ってくるひと言はいつもテーマとずれているのだもの。相手はすぐに察知する。

　では、あなたの口癖のルーツを探ってみよう。あなたは話を聞く習慣を持っていない。話を見る習慣で今日まできたのだ。つまり、イメージを作り上げて視覚で聞くのである。

　おそらく、五感の機能を半分くらいしか使用していないのではないかな。何かの音や声に耳をすますというより、向こうから入ってくる音や声を聞くのだ。

　もっと聞きたいとか、あれは何かなとは思わない。未知の世界へ気持ちが引き込まれたりはせず、関心事といえば、他人のスキャンダルや不幸についての具体的な話である。

　そうした自分の気持ちを隠すために、あなたは口癖の力を借りるのだ。感覚と感情を使うことなく。

　あなたは自分のこころが何を感じ、何を好んでいるかを知らない。何かを感じなくなった自分って、もしかしたら強くなったのかもしれないと悦に入《い》っていたり。感覚と感情は人間には欠かせない。なぜって、そのふたつを失うことは人間性そのものを失うということだから。

▼あなたの失敗のスパイラル

五感を使わず、視覚優先で生きていると、ものごとを外見から判断し、外見で比較する。話を聞くという姿勢ができていないので、聞き方のマナーが悪い。相手の話を聞かず、すぐに自分の話をしようとする。黙ってはいけないと思い込み、焦りながら口癖をかき集めて喋るのだ。

相手の話は自分が聞きたいように聞き、ストーリーをでっちあげる。聞いた話の断片をつなぎあわせたり置き換えたりすることに罪の意識はない。

でもそれが積み重なれば気おくれを感じ、コンプレックスも増殖する。あなたが言葉生活を変えれば、コンプレックスにサヨナラして幸せになれるのに、惰性にすがっている。もったいない。

ステップアップするために

口癖なしでは会話ができないあなたなら、まず口癖を変えることだ。「誰が？」「どこで？」のかわりに、「どうして？」をひんぱんに使ってみよう。

オフィスの上司が退職した件については、「どうして退職するに至ったんだろう?」と訊く。友だちが大ヒット中の映画を酷評したら、「どうしてつまらないと感じたの?」と訊こう。

　相手は「なぜなら〜という理由で」と答えるかもしれないし、話をそらすかもしれない。だからって「どうして?」を引っ込めてはダメ。相手を変えて、また「どうして、〇〇なの?」と訊く。

「誰が?」「どこで?」と訊かれるのと違い、「どうして?」と訊かれたら相手は即答できず少し考えるだろう。困るかもしれない。

　会話の間に間合いができる。それも貴重なのだ。口癖の連打で会話をしているときは間をおいて話したりはしない。だから質問ひとつにしても、いい加減なものが多く、答える側も真剣さに欠けるのだ。

　あなたから誰かへ、「どうして?」と訊き、誰かからあなたが「どうして?」と訊かれる。ひたすらそのエクササイズを繰り返すだけで、あなたのこころのバネは弾力を取り戻し、感覚や感情も動きを再開するにちがいない。

　ときには相手が即答できない質問や相手を困らせる質問をしよう。相手に考える機会を与えることになる。返ってきた答えによって、自分の訊き方の細かい短所を知ることができる。

7 「私、何かへんなこと言った？」

同期会の二次会。あなたを中心に数人の友だちがワイワイガヤガヤ。恋愛やダイエットの話題で盛りあがっていたが、急にあたりがトーンダウン。

あなたは自分が投げたひと言のせいかと、「私、何かへんなこと言った？」と訊くが、全員首を横に振る。

周囲の雰囲気が転調したとき、きまってあなたはそのフレーズを口にする。それが習慣になっているのだ。そして「ううん、別にへんなこと言ってないから大丈夫」と、周囲に確認スタンプを押してもらう。

あなたの話し方の口癖は、訊き方にも表れる。相手の話を聞きながら毎回せっせとうなずくのだ。理解していることを表明し強調するために一回一回首を縦に振ってみせる。

あなたの会話は、理解や諒解《りょうかい》、承諾、賛成などを表す、うなずきのＹＥＳを相手にも強要しつつ交わされる。

▼相手の心中は……

あなたは実際のところ会話を自己表現とは考えていない。会話とは、どれほど知識を持っているか、才気煥発《さいきかんぱつ》か、話術が優れているか、によって魅力を放つものだと思っている。そこで、体面にこだわり見栄を張る。自分より強い立場の人には弱く、逆に弱い立場の人に対しては強い態度や物言いで接する。

当然、弱い立場の人たちからは敬遠されるが、あなたは問題にしない。勝気な性格なので、常に優位に立っていたいのだ。競争意識を刺激しない相手には最初からバカにしてかかる。驕っているのだ。

その結果、相手はあなたを尊敬することはない。

「私、何かへんなこと言った?」と訊かれたときは、とりあえず首を横に振る人たちも、それはポーズにすぎない。あなたに敬意を表したいとは思っていないし、むしろ陰では軽蔑している。

あなたは権威やパワーになびきやすい。おだてられると、その気になる。ホントの自信がないので、お世辞などにも引っかかる。

「私、何かへんなこと言った?」というフレーズは、あなたにすれば気が利くひと言のつもりだ。悪い印象を与えないための先廻りである。ところが周囲の人たちはバカではない。あなたは友人も失うことになる。

▼あなたの失敗のスパイラル

自分のポジションや強制力を確認し、あなたは仕事をこなす。人間関係を築いていく。律儀ではある。しかし思い込みが激しい。ものごとを一方的に判断するだけでなく、自分流に結論を出してはイライラムカムカ。

あなたがしょっちゅうプリプリと不機嫌なのは、あなた以外の人たちはみんな知っている。あなたのその口癖は周囲の人を怒らせている。同時に自己表現ができない抑圧感に振りまわされ、自分自身にも怒りを感じ、あなたはいっぱいいっぱいの状況だ。

ステップアップするために

強そうに見えて、ショックを受けやすく小心でもあるあなた。そうしたもろい面を隠しての言動は我慢強さあっての賜物《たまもの》だろう。

けれどやみくもに我慢すると、突然プチリと切れてあなたは感情的になる。言葉で自己表現をしない毎日なので、自分自身が混乱の極限に追い込まれると、切れるしか方法が見つからないのだ。

あらゆる我慢が一瞬にして水の泡になるような言葉をあなたは吐く。「あんた、それでよく大学卒業できたわね」「その頭、使ったことあるの?」などと相手を侮辱する。

守備と攻撃。あなたは両極端の話し方しかできないのである。それというのも、こころを話すというトレーニングを積んでいないからだろう。こころを開いて話すことは弱みをさらけ出すことだとあなたは思い込んでいるのだ。

外見は元気で楽しそうに振る舞うあなただが、それもまた体裁の一部である。ホントは元気でも楽しくもない。疲れてヘトヘトなのである。

あなたは自分がへんな発言をしたかなと気づいたら「私、何かへんなこと言った?」と言わずに、状況の空気の異変を感じとり、「私が言いたかったのは、ホントはこういうことなのよ。言葉が足りなかったかな」と言葉を補足するか訂正するかしたほうがいい。

目下のあなたは、自分のこころについて話す準備ができていないのだろうが、そのままの生活習慣をつづけたら大変なことになる。

自分自身の、感情を表現してはいけないという思い込みがあなたのこころを歪《ゆが》めているのだ。

感情は表現しないと代謝が滞り、自信の芽を次々に枯らせる。そして、あなたの話し方ではあなたのこころが不在状態になってしまうのである。

会話は〝開我《かいわ》〟だと思う。思い込みにメスを入れよう。あなたは自分の怒りを見くびってはいけない。あなたは自分の怒りの正体に問いかけることからレッスンを始めるのだ。

8 「何を言いたいわけ？」

あなたは自分ではきちんと質問しているつもりかもしれない。が、その内容たるやあまりにお粗末だ。「そっちだってそうじゃない？　はっきり答えてみてよ」「ありえない！　あなたってそうなんだ。これからもそうなの？」と、ほとんど質問の形を成していない。

そこで相手はわざと、とぼけたり、はぐらかしたりする。あなたの不愉快度はどんどん上昇する。

ついにあなたは叫ぶのだ。「何を言いたいわけ？」と、つんけんした態度で声を荒くして相手を睨む。

「何を言いたいの？」と真っすぐ訊いたほうが素直なのだが、それができない。「～わけ？」という言い方になる。平常心で話せなくなるまで我慢してしまうからだ。

あなたは怒っている。しかし原因はわからない。原因には関心がないのである。

▼相手の心中は……

「何を言いたいわけ?」のフレーズには、自分の真剣さをからかわれたことへの憤りも込められている。

でもあなたは、怒ってはいけない、寛大にならなくてはいけないと考えていて、自分の憤りを隠そうとする。いつもそうなのだ。最初はムカムカした気持ちを抑える。けれど我慢しきれなくなると「〜わけ?」の表現に走るのだ。「嫌だってわけ?」「だから帰るってわけ?」という言い方もあなたはよく口にする。

その口癖であなたは自分を見失う。会話に落ち着きがなく、焦りがちらつくのだ。相手は居心地が悪くなり、その場から離れようとするだろう。

会話では、相手に合わせようと焦ることより、相手とその先で待ち合わせるような気持ちで話していくほうがいい。そうすれば、「〜わけ?」のフレーズを使う機会は減る。

▼あなたの失敗のスパイラル

あなたは会話を楽しいものだと感じていない。質問をするときや答えるときのタイミングがつかめなくて、そのたびにまごまごしてしまうのだ。

仕事場でも、相手の話が終わったら次は自分が話す番だと身構え、緊張する。なにか気の利いたことを言いたいと思い、そっちへ気持ちが取られ、相手の話をほとんど聞いていない。

ダイエットをしたいのに、食品のカロリー数値がわからないようなものだ。何を目安にしたらいいのかまったくあてがないのである。

手っとりばやくたよりないまま口癖を使って話す。会話を楽しいと思えないのは、口癖依存のせいだと気づこう。不満足を満足に変えるためにはトレーニングをするしかないのだ。

ステップアップするために

あなたは話し方で自分がどのくらい損をしているか知っているかしら。そんなにも優しく純粋な気持ちを持っているのに、「何を言いたいわけ?」と言うたびにマイナスイメージ特大号を発信しているのだ。

まず、訊きたいことを声に出して言えるようになるためのトレーニングから開始しよう。あなたは遠慮深いのである。感じたことをそのまま言葉にしてはいけないと思っていて、感じたときには黙っている。黙っているだけでなく我慢もしているのだ。

遠慮深さと我慢強さ。それがたしなみだという先入観を持って暮らしてきたのだろう。つまり生活習慣病である。遠慮と我慢は、したくてするときだけ深さにも強さにもなるが、しなければならないと強制されて嫌々するときは、たしなみはおろか、実力として身につくということはない。

また、あなたが自分の怒りを見苦しいものだとして隠したがるのも先入観だし、生活習慣からくる症状である。

なぜあなたはそのとき怒りを感じるのか。それには必ず理由がある。だから怒りを隠したりせず、むしろ丁寧にすくいあげてそこにうごめく感情細胞をチェックすることだ。

あなたは会話のABCについては、あきれるほど無知である。会話に興味を抱き、話し方を磨こうとしても、それではすぐに壁に突きあたってしまうだろう。

〝怒り〟セミナーから入ったほうがいい。あなたは自分の怒りと向きあい、なぜいま自分は怒っているのかを探求するのだ。

自分自身を実験台にして、自分の怒りはどういう場面でどういう状況のときに発生しやすいかの徹底調査だ。

台風の発生が自然現象なら、怒りの発生は自分現象である。それを知ることで自分自身について詳しくなっていくはずだ。

あなたの眠れる好奇心が目覚めたら、あなたのこころの中には次々に質問が湧いてくると思う。それを言葉にしてみよう。

目下のところ、あなたの質問は切り花みたいなもので根っこがない。好奇心を発芽させ、好奇心を根っこにした質問が育てば、あなたの話し方は変わってくる。古い口癖は新しい好奇心集団に見るも無惨にやっつけられるだろう。そうであって欲しい。

9 「彼とは順調？」

友だちが恋愛中だ。なんとなく気になる。あなたもつきあう相手が欲しい。けれど現在のところ関心のある誰かはいない。

その友だちと食事をすることになった。彼女が恋愛相手のことを何も話さないので、「彼とは順調？」と訊《たず》ねる。「ん？ まあね」と友だち。それ以上は話したくないらしい。せっかく話題を向けたのに軽くかわされた感じがして、あなたは楽しくなくなった。順調じゃないから話したくないのかなとあれこれ臆測《おくそく》する。

自分の気持ちがどんどんネガティブになってゆき、友だちの性格を非難したくなる。友だちが冷たくて暗いキャラクターで見知らぬ人のように感じられる。あなたは自分の質問に対する彼女の答え方をなじる気持ちでいっぱいだ。

▼相手の心中は……

順調というのは、ものごとが期待どおり予定どおりにすらすらと調子よく動いている状態のことだ。つまりあなたは、「恋愛はすらすら動いているの？」と訊いたのだ。

恋愛という状況は、そのただ中にいる二人だけの問題であって、他の人たちには無関係だ。内容を説明しろと言われても説明できないし、また説明する必要もない。だからあなたが口にしたフレーズは愚問である。あなたが友だちを嫌うより先に友だちのほうが、野暮な質問をしたあなたに対して不信感を抱くだろう。

たとえ悪気はなかろうと、相手にはうれしくない、おせっかいである。その口癖をつづけると、あなたの思考回路は想像力を失い、友だちが離れていくだろう。

▼あなたの失敗のスパイラル

あなたが友だちに「彼とは順調？」と言ったことから二人の間には気まずさが漂う。たぶんあなたは否定するだろうが、そのひと言は意識的にした質問なのだ。あなたは彼らの恋愛進行具合が気になってたまらない。でも「あなたたち、うまくいってるの？」とは訊けない。「幸せ？」と訊くのもシャクなので、遠まわしに訊いたつもりなのである。けれど相手にすれば、うるさいのだ。

その口癖と同時に、あなたの思考回路にも生活習慣の癖がついていないかな。友だちとしょっちゅう連絡を取りあっていないと落ち着かなかったり、相手の身辺に動きがあるとすべてを言葉で伝えてほしいと望んだり。

フレンドシップ。それを育てるには、干渉的な問いかけはあえて避けること。相手の側から「聞いて！」と言ってくるまで待とう。

ステップアップするために

あなたはこころの奥に気持ちを溜《た》めておけないのだ。だからといって、感じたらすぐに言葉にすることもしない。

友だちの恋愛については、この頃何も話を聞いていないな、詳しく知りたいのに、どうなっているんだろ？　という気持ちが入り乱れて、「彼とは順調？」のフレーズになった。

「訊いちゃいけないのかな。でも訊きたいの。ねえ、彼とちゃんとつづいてる？」と、もしあなたが質問したら相手は笑いながら答えただろう。

あなたは自分の気持ちのままを自分の言葉で表現するトレーニングをしよう。使い古されたフレーズを口にしていると、あなたの他の発想までサビつく。

質問は素直がいちばんんだ。こう言ったらああ思われるんじゃないか、ああ言ったらこう思われるんじゃないかと、あれこれひねくりすぎると結局は誠意のない質問しかできなくなるのだ。あなたは友だちの恋愛に関心があるのにそれを隠そうとする。相手にその気持ちを知られたくないので、へんに高飛車な口調で訊く。そうすればするほど相手にはあなたの気持ちが見えてしまう。なぜって、話し方はウソをつけないのだ。詐欺のように、相手をだまし金品を奪ったり損害を与えたりする場合の話し方は別だ。詐欺のウソはでっちあげだが、会話は即座に表現するものなので準備が間に合わない。だからバレる。

訊きたいことは真っすぐに訊く新習慣を身につけよう。それを繰り返すことで、うしろから素直さがついてくる。素直になりたいのに素直になれないのは、自分が劣っているからだと思い込まないで。単なる力不足だ。

何かを感じてもすぐに言葉にできなくていいのだ。しかし感じたことと違う物言いをする癖はよくない。感じたままを言葉にする努力をしよう。それによってあなたのこころに淀《よど》みがなくなる。

10 「そんなこと、知らないの？」

情報通を気取るあなたにとって、知らないことは知っていることより劣るのだ。流行のブランド名や話題の映画やレストランに疎いなんて、話し手失格だと思う。その気持ちが「そんなこと、知らないの？」と言うときの表情に出る。

あなたの得意気な口調と様子に相手は傷つけられる。「そんなこと常識よ、知らないの？」「あきれたぁ、知ってると思ったのに」などというフレーズもあなたの口癖だ。相手はムッとしたりカチンときたり。

といって、情報の内容についての場合がほとんど。「ああ、その話、知ってる、知ってる」と〝知る〟という動詞を乱発するのがあなた流。「どういう映画？」と訊かれたら「そんなこと、知らないの？」と逃げる。

▼相手の心中は……

あなたは知識が多いことは知的だと思っているらしい。知的だということは頭がいいことだと考えているのかもしれない。それは誤解だ。あなたが知的なら、相手が新情報を知らなくてもそれをからかったりはしない。第一、知識をひけらかしたりするのはもってのほかだ。あなたが知的ならそうした物言いはしないだろう。別にあなたが知っていることを相手が知らなくてもいいじゃないか。

その口癖で相手はあなたの〝知性〟を問う。知性とはものごとを知り、考え、判断する能力のことだ。そう、知識の多さが知性ではないのである。考えたり判断したりする能力がともなわないと、知るってことは、どんどん知性を失うことにつながるのだ。

▼あなたの失敗のスパイラル

あなたが情報や知識を持たない相手をバカにして「フフフ」と感じ、「そんなこと知らないの?」と口に出すことによって、周囲は反感を覚える。相手より優位に立っている気分かもしれないが、反感を得ることと比例して、あなたは「知らない」というフレーズを口にするのが怖くなっていくのだ。

もともと「知らない」と言うのが嫌いで、常に知っている状態に自分を置こうとして周辺のニュースに網を張る。その結果、ついには自覚のないまま〝知りたがり屋〟を開業してしまっているのだ。社会の表面的なことへの興味が異常に強くなり、

〝知ってるつもり屋〟と〝知ったかぶり屋〟まで開店しようとしている。

ステップアップするために

あなたは、毎日の生活の中で、「知る」という動詞を過大評価している。ある情報を自分が知るか知らないかで、社会とつながっているかどうかを測る。時代に乗りおくれていないかどうかをチェックする。その習慣は危険だ。アンテナを外に向けている分、あなたは自分自身について「知らない」のである。「知る」ことを自分に向けてこそ、その動詞本来の働きが知性を育てていくのだ。

自分の内側に対してアンテナを張りめぐらしてみよう。自分が発信するこころの情報を自分の五感で受信するのだ。流行のブランド名を知るだけでなく、どうして魅《ひ》かれるのか、それについて考え、判断する力を養おう。情報への問いかけ。こころへの問いかけ。とにかく情報を鵜呑《うの》みにしないことだ。疑うこともときには必要である。「なぜ?」の副詞は質問力のベースを成すものだ。

11 「仕事と私とどっちが大切?」

恋愛中のあなたはこのところ相手に逢っていない。仕事が忙しいのだと言われた。でもあなたは逢いたい。ついにたまりかねて「仕事と私とどっちが大切?」と電話口で叫んだ。返答はなし。気まずい雰囲気。あなたは電話を切る。

誰かとつきあうと必ずそういう流れになってしまう。あなたは、仕事より自分のほうが大切だと言ってほしい。けれど大抵の場合、相手は黙ったままだ。

もともと、仕事と恋愛とは比較などできっこないのである。わかってはいるが、愚痴のつもりでそう言ったのかもしれない。怒りのつもりか、甘えのつもりかもしれない。ところが、恋愛中は両者ともにセンシティブになっているので、そのひと言で万事休すという事態も起こりうる。

▼相手の心中は……

どんなにあなたに魅力があっても、そのひと言を聞くと相手はがっくりくるだろう。

黙っていても理解してくれていると信じていたのだ。そんな使い古された言い方はしないでほしかった。信じていた分、衝撃が大きい。裏切られたような気持ちだ。たとえあなたはそのひと言を口にしたことを忘れても、相手は忘れないと思う。忘れられないのである。

あなたはそのフレーズを言ったことで、自分の愛し方は相手を理解することでなく、代償を強いることだと伝えたのだ。ホントにそう考えてその言葉を言ったのかな。あるいは単なる口癖だったのかな。

▼あなたの失敗のスパイラル

あなたがせっぱつまってそのフレーズを口にしたというのなら、相手との関係は呼吸が合っていなかったのだ。恋愛観、人生観、価値観がズレていて不一致だった。あなたはいま、分岐点に立った。

相手は仕事が好きなのだ。あなたはそういう相手よりも自分を第一に考えてくれる相手を望んでいるのだ。だったら理想を追うしかない。あなたのそばを離れない相手を捜そう。そこらへんをはっきりさせてつきあわないと、相手にも迷惑がかかる。

もしも「仕事と私とどっちが大切？」と言って相手を脅そうとしたり、相手の真意を試そうとしたりしたのなら、それは恋愛ルール違反の卑怯《ひきょう》な話し方だ。

ステップアップするために

「AよりBのほうが話題になってるんじゃない？」「○と△とでは△のほうが優秀らしい」などという話し方が、あなたの会話にはよく登場する。

比較級を使うのが口癖になっているのだ。「あの人って、□□さんに似てない？」「この味って、ほら、いつか行った店の味とそっくりじゃない？」と類似点を見つけるのも得意だ。つまり、AとB、○と△の独自性を発見するのが苦手なのである。あらゆるものを表面的にチェックし、本質的な面を見落とす。

比較することや類似点捜し専門なので、ものごとをクールに割り切って考えられず、超情緒的な話し方になってしまうのだ。

情緒。それは喜怒哀楽などのこころの動きを誘い起こすような気分や雰囲気を指す。イライラした気持ち。湿っぽい気持ち。寂しい気持ちをミックスさせて言葉にする。あなたの話し方はうれしいときでも超情緒的だ。「すごい！」「やったぁ！」

「泣けるぅ！」くらいの表現ですます。

情緒的話し方が習慣になっていると、こころの奥を表現することは怖くてできず、どうしても横一線のままでメリハリをつける話し方になりやすい。お手軽なのが比較級か類似点捜しである。それを恋愛会話に応用するなんて野暮もいいとこなのだが、あなたはしているのだ。あなたがその物言いを変えないかぎり、どんな出逢いも短命だろう。

相手の誠意をどうやって測るか。それにはまず自分の誠意をどうやって示すかにかかっている。「仕事は大切よ。がんばってね。私は大丈夫」と相手に対して寛容さをアピールすれば、相手もあなたの寛容さに反応せざるをえないだろう。

あなたがあなたの愛し方を伝えても、相手が何も感じない様子なら、あなたは口癖フレーズなど投げつけず、相手の前から静かに退場しよう。

そのときのあなたの声なき問いかけは、しばらくして相手のこころに後悔を沁《し》みわたらせるほどパワフルだ。

12 「はっきりしてよ、行くの？　行かないの？」

常にあなたは相手の返事を「YES」か「NO」かで要求する。

「食べるの？　食べないの？」「見たいの？　見たくないの？」「うれしいの？　うれしくないの？」と訊くのだ。

相手は「いらない」「見たくない」「うれしくない」などとひと言答えればいいので、とりあえずはラクである。そしてあなたという人をそういうキャラクターだと解釈する。

しかし、誰のこころの中も「YES」「NO」だけではない。そのふたつの間にはさまざまな感じ方が存在し、本来なら答え方だって幾通りもあるはずだ。

あなたの二者択一スタイルの会話生活習慣では、相手とどんなに長くつきあっても、時間イコール親密度にはなりえない。それは○×式の試験と似ている。相手に対する問いかけではなく検査にすぎないのである。

▼相手の心中は……

たとえあなたの声が異常に大きくても、あるいは飛びぬけてユニークな話し方をしようとも、二者択一の質問スタイルをつづけるかぎり、あなたの存在感は相手にとってゼロに等しい。

なぜなら、誰が質問してもその形式が伝える内容は同じだからだ。ロボットにもできる話し方である。体温のない会話。用件のみで味わいのない会話。そのやりとりからは関係は生まれないのだ。

人と人が、個性、資質、能力などを交流させるためには、○×式の質問スタイルはふさわしくない。その口癖によって、あなたは話し方と同様、相手の話を聞く場合も無意識に、相手は「YES」と言いたいのか、「NO」と言いたいのかと分類しながら聞いていないだろうか。

▼あなたの失敗のスパイラル

「YES」と「NO」しか選択肢がないというのは、話し方にしても聞き方にしても世界を狭めてしまう。その生活習慣から身につくものは偏見しかない。

あなたにとってつらいのは、自分自身の中に「YES」でも「NO」でもない感情が充満したときだろう。あなたはふだん自分の言葉を持っていないので、なんと表現したらいいかわからない。

ムヤムヤモワモワした空気に取り囲まれてあなたは自分の気持ちをはっきり意識したいと焦る。そこでまた顔見知りの「YES」と「NO」にすがりつく。けれど答えは出ないのだ。

「YES」と「NO」の会話生活から脱出しよう。習慣を変えれば、あなたの世界は広くなっていく。

ステップアップするために

「雨が降るかしら?」と訊かれて、空を見上げる。「はい」とも「いいえ」とも答えられず、「どうでしょうねえ……」と言う。

天気とは関係のないシーンでも、しばしば「はい」とも「いいえ」とも答えられない場合がある。

そのときは、二者択一以外の答え方が必要になる。

ところがあなたは、日頃から、「行くの? 行かないの?」と訊く口癖で会話をしているので、自分が答える側に立つときも相手の答えを聞くときも、「はい」「いいえ」以外ではなかなか対応できない。

そのままの生活をつづけると、自分のこころについて語ることは至難のワザになってしまう。

あなた自身に自覚はないだろうが、「行くの？　行かないの？」という訊き方を繰り返しながら、あなたのこころは自己防衛を強めているのだ。

そうした訊き方をしていれば、自分の内面に時おり発生するムヤムヤモワモワを言葉にしないですむ。だからその口癖をストップしたくない。

自分のこころを開いて話さなければ、相手もこころを開いては話さないだろう。となると、人間関係を育てる土壌ができていないってことだ。

そりゃあ、いますぐこころを開くなんてスカイダイビングをするみたいで怖いかもしれない。

そこで提案。会話の中に「どうして？」と「どうする？」というフレーズを混ぜてみたらどうかしら。「どうして？」と「どうする？」は会話には欠かせないひと言だ。

「行くの？　行かないの？」と訊いて、「あ、そう、行かないの」で会話を終えるスタイルではなく、「どうしてって訊いていい？」とか「どうしても行かないの？」という訊き方をする。

すると相手は、行かない理由を話すか話さないか。話したくないと答えたら、「わかった」とピリオドを打つ。

あなたが質問に「どうして？」と「どうしても？」と加えたことで相手の反応が変化する。それがあなたの偏見のフェンスの場所を移動させるだろうし、移動によって眺めが新しくなるはずだ。

「どうして？」「どうしても？」のフレーズがあなたの話し方にもたらすものは決して少なくないと思う。

PART 2

依頼力

この夏、私は初めて旅した高知で実に愉快な体験をした。思い出すたびに笑ってしまう。

高知名物、日曜市でのことだ。江戸時代から三百年以上つづくという街路市は、夏場は朝五時オープンで夕方六時まで。農家からとれたての野菜や果物が持ち込まれ、ありとあらゆるものの露店が軒を連ねるのだ。

午前十時頃、友だちと一緒に「ワッ！　安い！」とワイワイ騒ぎながら歩いていると、タイガーメロンと書いた札が目に飛び込んできた。

「これ、どうしてタイガーなの？」「柄がタイガーだからよ。どうお？　おばあさん、早く帰りたいのよォ」と露店の女性は言う。その声と口調が柔らかくて、かわいい。

私は思わず、「三個ちょうだい」と言い、トラ柄メロンを買った。まだ旅はこれからだというのに浅はかだった。メロンは結構重いし、途中からへんな臭いを放ち始め、東京へ持って帰って食べたらまるで美味《おい》しくなかった。

何の事はない。私は「おばあさん、早く帰りたいのよォ」に口説き落とされたのである。ああ、助けたい！　と私に思わせたそのひと言。彼女は凄腕《すごうで》だ。

それが依頼力なのだろう。買ってくれとは言わずに、私の感情に訴えたのだ。彼女から多くを楽しく学んだ。

以前、映画監督のピーター・ウィアーをインタビューしたとき、彼もこんなことを言っていた。なぜ彼と仕事をした俳優たちがこぞって監督を褒めちぎるのかという質問に答えて、「なぜってそれが監督の仕事だからさ。俳優が自分の持っているものすべてを与えようという気持ちが湧いてくる、そんな雰囲気を作らなくちゃ決していいものは出てこない。彼らがもっとやってやろうという気分になり、その想いが蒸気のように噴き上げてくる――それをとらえるために、私は努力しているだけだよ」と彼は語った。なるほど、依頼力イコール口説きパワーってことか。日曜市や映画撮影だけでなく、あらゆるシーンで役に立つ。仕事のシーンでも恋愛のシーンでも交渉やトラブルに口説きパワーは欠かせない。

「ダメ」の前で引き下がるのではなく、「そこをなんとか」と相手の感情にアプローチする。話し方ひとつで依頼力はプラスになったりマイナスに変わったり。だからこそ、トレーニングを積む意味と面白さがある。

社会生活はひとりでは生きられない。毎日のどこかに大きく小さく依頼力の見せ場がめぐってくる。依頼力は生活力の一部だ。ぜひとも身につけよう。

1 「よろしくお願いします」

選挙近くになると、政治家は街頭演説でさかんに頭を下げ「よろしくお願いします」を連呼する。駅前や街のあちこちではセールスの仕事の人が「よろしくお願いします」と言いながらチラシやサンプルを配る。TVでは司会者がゲストに「よろしくお願いします」と何回も言う。

日常生活の中で「おはようございます」と同じくらいの軽さで使われる挨拶《あいさつ》フレーズだ。社会全体の口癖といってもいい。

それぞれがひかえめな態度をアピールしたいのか、どんな状況でもひたすら「よろしくお願いします」と言っておけば礼儀正しいのだと思い込んでいる。

さらに、そのひと言に依頼力を込めたつもりでいる人が多い。こちらの都合に合わせてほしいという気持ちが知らず知らず働いていることもある。

けれど、ありふれたフレーズにはありふれた力しか込められない。だから相手もありふれたフレーズを使って断りやすいのだ。

▼**相手の心中は……**

「よろしくお願いします」のひと言では、何も具体的に見えてこない。「あ、ごめんなさい。その日は予定が入っているの。残念だけど……」と逃げ切れる。

とはいえ、「よかったら引き受けてくれる？」「C山さんは周りから慕われているから、お願い」「D村さんは仕事ができる人ですもの。司会は適役だと思って」という話し方でも依頼力としては未熟である。

そういう型通りのフレーズにはパワーがない。誰にでもつるっと言えるからだ。誰にでも言えるってことは、真剣さがいい加減だっていうしるしだ。

「よろしくお願いします」とだけ繰り返し、ＯＫを得られるわけがない。

「あなたのためにひと肌脱ごう！」と決心させるには、こんな頼まれ方は初めてだというオリジナリティが求められる。

▼**あなたの失敗のスパイラル**

とにかく、「よろしくお願いします」では、何をよろしくなのか、どのくらいお願いしますなのかがわからない。だからって、依頼される側が熱心に質問して内容を知ろうとするなんてことはめったにない。そんなことをしたらぬきさしならなくなるからだ。

いきなり、「よろしくお願いします。お願いしますよ」「私もつらい立場なんです。わかってくださいよ」では、交渉はストップする。

ありきたりな話し方ではダメだ。依頼力をアップさせるには、衝撃や拒絶や落胆にもへっちゃらになることだ。断られつづけてもビクビクしないで、自分の話し方がどのくらい引力を持ちうるかの実験だと考えよう。

依頼力が身につくことは厚かましくなることではない。むしろ厚かましくならず、魅力ある話し方をめざすのだ。

ステップアップするために

全身を緊張させ、「よろしくお願いします」と依頼するあなた。もしかしたら、とても怖い顔になっていないかな。

相手の眼を見つめることができずに、うつむいてただただペコペコと頭を下げる。気持ちの一所懸命さは伝わるが、それではあなたが望むようなうれしい答えは返ってこないだろう。

依頼するときは、「これはもう、C山さんにしかお願いできないことなんです」「どうぞ、ノーとおっしゃらないでください。～という事情があって、C山さんに絶対に助けていただきたいんです」「C山さんのセンスが必要なんです」と、依頼に至る理由をはっきりと丁寧に伝えよう。

アイコンタクトも忘れてはいけない。

怖い表情をゆるめて、しっかりと相手の眼を見つめる。視線で語る言葉は、時として言葉以上に雄弁だ。眼と眼の触れ合いから、相手は言葉にならないものを読み取るのである。

一回のNOにめげず、足しげく通うこともしよう。先入観、思い込み、偏見は捨てて、自分流をぶつける冒険心も必要だ。

2 「どうしてダメなんですか?」

依頼したが断られた。ショックだった。この件に関してはなんとしても承諾してほしい。彼女のピアノ演奏をメインイベントにして会を構成したいのだ。半年前に打診したときは色よい返事をくれたのに、日程が近づいたいまになって「都合がつかない」と言ってきた。

大学教授兼ピアニストの彼女が多忙なのは理解できるが、企画者としては黙って引き下がるわけにはいかない。思わず、「どうしてダメなんですか?」と言ってしまった。

断られた相手に向かって、このフレーズは逆効果だ。たとえ、ダメの理由を早く知って対処の方法を見つけたいにしろ、ショックをむき出しにしすぎるのはマイナスである。

断るのは、相手の自由だ。それに対して怒るのは、お門違い。冷静に受けとめよう。

▼相手の心中は……

そもそも依頼というのは、一度でかなうとは限らない。あきらめずに何度かがんばって、ねばりにねばってやっとかなう場合のほうが多いのだ。

けれど、「どうしてダメなんですか？」とケンカ腰な口調になると、次のシーンへつなげるのが難しい。相手もヘソを曲げて意地になってしまう。

たとえ、断られてガッカリしても感情的になってはまずい。ひとまず、深呼吸だ。

そこで第三者のアングルとちょっとした演技力が求められる。

そのためには、依頼する前に、断られるかもしれないことを想定して、こちら側もこころの準備をしておこう。

「お忙しいし、いろいろご事情はおありでしょうが……。でも、あきらめられません……」と、こちらの心情を言葉にするのだ。

相手よりも余裕を持ってゆったりと構えることが大切。

▼あなたの失敗のスパイラル

相手の気分を害する「どうしてダメなんですか？」のフレーズの前に立ちはだかるのはより頑迷な壁である。

口説きというのは、「ダメ!」と断られたあとに発生するものだ。

攻撃的な物言いは使わず、むしろ優しく話す。その場で答えを出してくれという頼み方は愚かだ。

「まだ時間はありますから、どうぞ改めてお考えいただいて……」と結論を先送りする。

時間的余裕がないときには、「どのようにお願いしたら、イエスをいただけるでしょうか?」とざっくばらんに頼み込むしかない。

相手がこころを開き、立場や状況を理解し、手を差し伸べてくれるか否かは、頼む側が先にどのくらいこころをオープンにできるか、事情を率直に語れるかどうかにかかっている。

ステップアップするために

相手が断ってきたら、「どうしてダメなんですか?」と、「ノー」にこだわっていてはミラクルは起こらない。

話題を前進させる話し方をしよう。

「どうぞお力を貸してください」

「お知恵を拝借したいことがいっぱいあって……」

と、「ノー」にめげずにアクセルを踏む。

「それって、どういうこと?」と相手がちらっとでも興味を示してきたら、しめたもの。あなたはここぞとばかりに、依頼の主旨、期待を順番にわかりやすくしっかりと告げる。そこまできたら、冷静さより熱さのリズムがいい。

相手が承諾しやすいように、条件を出してみる。断るのが面倒になり、それより引き受けたほうが簡単だと思う方向に誘導できたら大成功だ。

迷惑をかけないことを約束し、約束を果たせば、あなたは誠意を示すことができる。そしてあなたの依頼力に箔がつく。

3　「泣けて笑える映画ですよ」

私は映画についての原稿をよく書く。

従ってマスコミ試写会へ行く回数も多い。宣伝担当者から「泣けて笑える映画ですよ」と売り込まれることがある。

相手としたら、泣く要素も笑う要素もあるので原稿上でいろいろに書ける作品だと言いたいのかもしれない。

あるいはそこまで考えずに無造作に、とにかくかなり出来がいいから観てほしいという程度の意味でそのフレーズを口にするのかもしれない。

けれど私には愛のない雑なアプローチに聞こえる。

これから作品を見て、何を感じるかはこちらの仕事だ。実際問題としたら、試写室が暗くなれば彼女のひと言はもう遠くへ行ってしまうのだが、やっぱり余計なひと言だと思う。

宣伝の仕事には、映画に限らず余計なひと言は邪魔なのである。

▼相手の心中は……

学園祭やイベント会場などでは、「どうぞこちらへ」と明るく賑《にぎ》やかに通りがかりの客を呼び込む。人を振り向かせ、招き入れるのだ。無邪気な呼び声がパワーを発揮したりする。

ところが社会ではそうはいかない。

「泣けて笑える作品ですよ」のひと言の説明が、観る前に容易な先入観を持たせてしまい、宣伝効果を弱めてしまうからだ。

そのフレーズでは、初めから興味が失われてしまう。依頼する側は、相手を見てもっと慎重な話し方をしなくては。

丁寧に慎重に話すことは、完璧をめざして説明することではない。第一、そんなことはできっこないだろう。まず、余計なひと言に気をつけることだ。何が余計なひと言かは、相手のリアクションを読みながらレッスンしよう。

▼あなたの失敗のスパイラル

映画を宣伝する仕事の場合、公開までの時間が短く、作品内容が難解だったりすると、どうやって観客を動員するか、あれこれ方策を考えなければならない。宣伝の仕事は大変である。しかし、大変な分、やりがいもあるわけだ。

依頼力なしではプロモートは不可能だから、口説きパワーのトレーニングをするしかない。

「泣けて笑える映画ですよ」という言葉が、的はずれなのだ。宣伝の仕事をする人は、ひと言の怖さをもっと知ったほうがいい。

自分が発した言葉のゆくえを追うのだ。相手の表情を見ていること。顔色を窺《うかが》うのではない。相手にとってそのひと言がどう作用したか。見ていれば大体わかる。そうすれば愛のない雑なアプローチなどできなくなるだろう。

依頼力のトレーニングは、声として発する言葉だけに頼っていては何も前進しないのだ。

ステップアップするために

以前、車のセールスをしている人が言っていた。「車を売るだけが仕事なら、こんなつまらない仕事はありませんよ」と。

彼は車を介しての出逢いが楽しいと、にっこり語った。口数の多いほうではなく、派手な依頼力を身につけているようには見えない人の言葉だったので、特別印象に残っている。

依頼力トレーニングに必要なのは、五感に筋肉をつけることだろう。

相手を見つめ、相手の表情、リアクション、服装、着ている色、形、組みあわせ方などから相手を洞察すること。同時に耳を全開させ、相手の話し方の音色、音量、音質、口癖などをチェックする。

言葉として入ってくる知識や情報のみを尊重せずに、視覚、嗅覚、触覚、聴覚、そして味覚の感覚も働かせよう。五感をフル回転させることだ。

五感の代謝がよくないと、相手の反応を見落とす。それによって、サポートを失い、エラーを繰り返すことになる。

宣伝というのは、作品の効能や魅力について説明し理解と共鳴を拡めていく活動だ。説明力をベースにした依頼力が求められる。決まり文句の出る幕ではない。

4 「今日は無理です」

　夕方五時。顧客が営業部に難題をふっかけてきた。横柄な口調で威圧的だ。思わず、「今日は無理です」とあなたはブスッと応対した。すると、「なんだ、その言い方は！」と怒鳴り声。慌てて謝ったが、時すでに遅し。一方的にガンガンお説教された。反省はしているものの、なんだかあなたの気分は重い。そこへ友だちからのメール。映画へ誘われた。とんでもない。映画どころではない。「今日は無理です」と返信。すると相手は「ひどい言い方！」と怒りのメールを寄こした。

　無理だから無理と言ったのに、どうしろというのよ！　と今度はあなたが怒る。

　なぜそのフレーズでみんながカッカするのかあなたにはさっぱりわからない。

▼相手の心中は……

　あなたは確かに正直だが、手紙を封筒に入れないでポイと投げつけるような話し方をする。仕事をしていると、立場というものがつきまとう。その人が置かれている地位、境遇、条件などがそれ。あなたは営む側に立ち、相手は客である。

必要以上に相手を持ち上げてペコペコしなくてもいいが、大きな態度を取る理由はない。相手の立場からすればカチンとくる。自分が立っている場所をしっかり把握して対応しよう。丁寧語を使うだけでなく、話し方の速度にも丁寧さを意識すること。そうしないと、電話一本で会社全体のイメージを下げる。たとえじきに離れる仕事場であっても、そこにいるかぎり、あなたはその会社の一部だ。「今日は無理です」のひと言で相手を怒らせるだけでなく、会社の信用を失うこともある。無理難題にしろ、相手はとにかく電話をしてきたのだ。依頼を断るには、依頼力しかない。

▼あなたの失敗のスパイラル

依頼された側がやんわりと依頼をかわす。そこにも依頼力の出番がある。しかし、「今日は無理です」と言ってしまっては、話し方の未熟さを暴露することになる。怒鳴られても仕方のないことだ。

仕事以外でも、話し方に対して、ガサツでいい加減に考えていないだろうか。相手への返事を「行く」「行かない」「できる」「できない」で答える癖がついていないだろうか。なぜ行かないか、なぜできないかを伝える習慣を身につけなければ相手は納得できないのである。依頼力の肝心カナメは、納得させる話し方ができるかどうかにかかっている。

ステップアップするために

「大変申し訳ございません。本日はあいにく品物がもう……」とか、「恐れ入ります。本日は手前どもの勝手で……」と、落度はこちらにあると認めて話すことがポイントだ。「今日」より「本日」と言ったほうが切迫感が出る。そして「恐れ入りますが」「恐縮ですが」「相済みません」「お赦《ゆる》しください」「お詫《わ》びいたします」といったフレーズを総動員して、こころを込めて話すことである。そのときも相手の怒り方をじっと聞き、相手の心理を知ることが大事なトレーニングだ。

相手だってガーガー怒ったあとは、どこで退場するかタイミングを捜しているはずである。ま、ここらへんかと納得する。友だちのメールにも「せっかくだけど、ごめーん。今日は無理です。残念！」ともう少し文字数を増やして気持ちを伝えれば、相手は納得するだろう。

5　「新人です。可愛がってあげてください」

自社の新人を紹介するために他社の課長のところへ。そこで「新人です。可愛がってあげてください」とひと言。それを聞いた相手はムッとした表情で「可愛がってあげてください、か？」と訊き返した。

あなたは、「はい、素直でやる気十分な子なんです。どうぞ、可愛がってあげてください」と、もう一度言う。

相手はあきれた顔をして首を振り、席を外した。あなたは課長のリアクションの意味がわからず、新人を連れて会社へ戻った。

新人を、「可愛がってあげてください」という言い方は日本語として間違っている。「可愛がってやってください」もしくは「鍛えてやってください」「ご指導お願いいたします」が正しい。

最近、日本語は大きく乱れている。基礎知識の欠如だ。上司はあきれるだけで注意してやらない。それも問題だ。

▼相手の心中は……

他社の課長は、あなたのひと言からあなたの育ち方や力量や将来性などをチェックし、マイナスの評価をくだす。

日常会話のミスも、仕事のミスと大差ない。相手のデータに残るのである。そう、特に男たちって大体が自分の感情については話さないので、女たちは彼らが何も感じていないと思いがち。

しかし男たちって周囲をよく見て、よく聞いている。女たちなら「あの人って外見と違って優しいとこあるのよ」「あの人に仕事を任せるのは危ないと思う」など言葉にして囁《ささや》き合うところだが、男たちは黙して語らず。上司という立場ならなおさらのことだろう。

いざというとき、彼らは自分のデータで相手を判断するのだ。だから日頃を疎《おろそ》かにしないように。見られていると想定して、自分の能力をアピールすることだ。手抜きは、ダメ。知らん顔して、彼らは採点しているのだから。

▼あなたの失敗のスパイラル

男と女は平等で、ベテランも新人も会社の仲間。みんな人生の同行者。とはいえ、マナーとルールがある。まずは言葉遣いだ。

部下の言葉遣いにあきれる上司は多い。しかし部下の間違いを指摘する上司は少ない。嫌われたくないからだろうか。自分の日本語に自信がないからだろうか。

「可愛がる」という動詞も適切ではない。新人を紹介し、どういう興味を持っているかを話し、「教えてやってください」と言えば会話がつづくだろう。

会話がつづく。依頼力を身につけるトレーニングでは、会話がつづく話し方を心がけよう。話題が拡がることで、新たな観点が生まれ、思いがけない展開へつながることがあるのだ。

浅はかなひと言であなたの価値を下げるのはもったいない。仕事場の環境問題も話し方次第で、風通しがよくなるのだ。

ステップアップするために

あなたは日本語の勉強をしたほうがいい。おそらく、ミスをした部分は氷山の一角に過ぎず、他の場面でもめちゃくちゃな日本語を平気で使っているのだろう。社会人として敬語を使いこなせるようになるのも大切だが、日本語の常識を再学習するのが先だ。

いくら資格をいろいろ手に入れても、言葉遣いでボロが出ると、仕事のオファーを逃す。自信がないときは、「私の言葉遣い、間違っていませんか?」と上司に訊ねよう。思いきって、カルチャースクールへ行って日本語トレーニングを受ける手もある。

80年代後半のアメリカ映画『ワーキング・ガール』を思い出す。舞台はNYウォール街。やる気と才覚はピカピカなのに学歴不足のヒロインが、「ランチタイムは会話クラスがあるの」と言っていたっけ。すでにその頃から、キャリアアップには話し方が必須科目だったのだ。

6

「よかったら結婚式のスピーチをお願いしたいんですが」

あなたは遠慮の気持ち少々、心配の気持ち少々で先輩にこう依頼した。態度も口調もひかえめだった。相手はちょっと微笑み、カチンときていることを隠した。「よかったら」のひと言にカチンときたのだ。「よかったら」という選択肢があるってことは、「嫌だったら」という選択肢もあるわけだと解釈したのである。相手としたら断りやすい。「せっかくだけど他の方にお願いして。ごめんなさいね。私、少し前にスピーチで失敗してから当分お引き受けしないことにしてるの」

静かに優しく断られると、とりつく島がない。スピーチは披露宴の決め手になるもの。そのよしあしで結婚式の印象は一八〇度変わる。依頼力が問われる場面だ。

▼相手の心中は……

いざというときの幸運と不運を分けるのは、話し方だ。言葉遣いを知っているか知らないかによって、結婚式という生涯の大イベントの目玉であるスピーチを依頼できないかもしれない。

スピーチ上手の先輩は、当然言葉遣いに敏感だ。誠心誠意の依頼か、マナーを知らない話し方による依頼かをすぐに聞き分ける。それだけに言葉を選び、タイミングにも気を配り、丁寧に頼まなければならない。

結婚式のスピーチだけではない。社会生活では仕事のトラブルや人間関係のこじれなどで、他人の力を借りなければならないことがたびたびある。頼むこと。それは頼んで断られて、断られて頼む。実地体験がトレーニングだ。

▼あなたの失敗のスパイラル

社会はジムだ。こころの筋肉を鍛え、話し方を学ぶ場所である。あなたは「よかったら」とつけ加えて相手を失望させた。それを次回はプラスに持っていこう。自分の話し方をチェックするのだ。あちらのハートを射止められなかったのは、こちらが感情表現にブレーキをかけて話したのが原因ではないかな。

依頼するとき大切なのは、相手の感情を揺さぶることである。そのためには、依頼する側が感情の奥をさらけだして見せるのだ。事務的な話し方や通りいっぺんのアプローチでは、相手のハートまで届きっこないのである。

標的はハートだ。それを忘れてはいけない。

ステップアップするために

では、「よかったら」を「恐縮ですが」に置き換えてみよう。相手の反応は変わってくる。さらに、「恐縮ですが、私の特別な日なので、どうしても先輩のスピーチをいただきたいのです！」と一気に依頼して強引にせまる。

逃げ道のない頼み方に、先輩は苦笑するだろう。そこでもう、こちら側の勢いはあちら側に届いている。「オーバーね。別に私じゃなくたって……」と先輩。「ダメダメダメです。先輩じゃなくちゃダメなんです。お願いします」とペコンと頭を下げるあなた。先輩の顔がまたゆるむ。

口説きというのは、相手を笑わせることも重要。笑っているうちに、ぬきさしならない状況に持っていくと、「じゃあ、もう仕方ないわ、ＯＫよ」になりうるのだ。口説くあなたは、「ノー」をイメージせず、明るく元気に押しまくろう。

7 「前にあなたのチケットを取ってあげたわよね」

この前は自分があなたを助けたのだから、今度は私を助けてちょうだいよという意味を込めて、あなたは依頼する。恩に着せるというやり方だ。

自分がしたことを再度ありがたく思い出すように、念を押して言う。それだけで相手がうんざりするのに、断られるのが不安で黙っていられないのだ。マイナス効果である。

そのときあなたが相手のチケットまで取ったのは、あなたが望んだ行為だったのか、あるいは貸しをつくるための行為だったのか。

押しつけがましい口調で言われると、悪いほうに考えたくなるのが人の心理だろう。依頼力と依頼心をごっちゃにしている。依頼力は、用件などを人に頼むことができる力。依頼心は人の好意に甘えることだ。

▼相手の心中は……

チケットを取ってくれたときは親切で優しい人だと思っていたけれど、恩に着せるフレーズを耳にして、ああ、そういうキャラクターだったのかと気づく。用心したほうがいい。もっと距離を置いてつきあわないと面倒なことが起こりそうだと相手は感じる。親しくなれそうと思っていたのに。

依頼するときは過去にどんなに相手を助けた事実があったにしろ、力関係で押してはダメ。そうなると脅しになる。

たとえば過去の貸しの大きさによって一度はしぶしぶＯＫの返事をしたとしても、それは頼んだ側の実力ではない。あちらにすれば、手切れのつもりなのだ。

そもそも、恩着せがましいフレーズで急接近する話し方は上品ではない。親しさを失い、そのひと言で品格を下げる。

▼あなたの失敗のスパイラル

依頼されること自体に不快感はないが、依頼フレーズにムッとする。「前にあなたのチケットを取ってあげたわよね」は、まさにそれに該当するのだ。

なぜか自分に卑屈さを感じてしまう。なにかしら引け目を感じているので、そうしたフレーズをつい口にしてしまうのだろう。もしかしたら、相手のチケットを取る手間を買ってでたときは、将来そのことを恩に着せる日がくると予想もしていなかったのではないかな。純粋な気持ちで相手のために動いたのだ。

依頼力に、過ぎし日の後押しは無用だ。どういう事情があって、何を相手に頼みたいのか。いまのことについて話そう。かっこよく頼もうという意識も邪魔だ。むしろかっこ悪くざっくばらんに話すこと。それがかえってかっこいい。

ステップアップするために

映画『トム・ダウド／いとしのレイラをミックスした男』というドキュメンタリーを観た。トム・ダウド。彼はレコーディング・エンジニアで音楽プロデューサー。知る人ぞ知る凄腕だ。R&B、ロック、ジャズの名盤を数えきれないほど手がけている。演奏の魅力のありったけを録《と》る。音の中の感情細胞を録るのだ。ミュージシャンたちが彼を愛さずにはいられなくなるのはあたりまえだ。

スクリーンを観ながら、依頼力は深遠なる信頼の交流によって生まれ育つものなのだと実感した。トム・ダウドの前でミュージシャンは解放され、最高の演奏が引き出される。同時にミュージシャンに解放され、トム・ダウドはあっぱれのミキシングをする。「頼むぜ！」という無言の依頼力が前後、左右、斜めに飛び交う。彼らの目標は、もっと先へ。もっともっと、だ。

そう、話し方にもエンジニアの感覚と精神が必要なのである。貸した借りたの次元での依頼力じゃ情緒的だ。

ニッポンでは、他人に迷惑をかけてはいけないと子どもに教育してきた。だから、迷惑をかけることへの罪悪感が根強い。迷惑をかけない子が大人にとっての〝いい子〟なのだ。その考え方が生活習慣化して、他人に迷惑をかけられることを嫌う。自分が迷惑をかけていないのに、迷惑をかけられるなんて許せないのだ。そうした思考回路と、依頼力の発育不全。ふたつが無関係とは思えない。

他にもニッポン特有の生活習慣がいろいろある。協同を重んじ、相手に合わせる話し方が普及しているわりに、個性を表現した上で協力しあい認めあう話し方は未発達だ。持っている力を出しあうこと。依頼力をつける話し方トレーニングにそのエクササイズは欠かせない。

トム・ダウドの存在。彼の言葉。彼の表情。彼の映画はスリリングだった。

8 「コーヒーでいいです」

「ご注文は？　と訊いたとき、コーヒーでいいですと答える客には腹がたつ」

そうコーヒーショップの店主は言う。

客にすれば、コーヒーショップではコーヒーを頼むのがいちばん正当かなと考え、紅茶ではなくてコーヒーでいいですよという意味あいで口にしたひと言なのかもしれない。

としたら、コーヒーショップに対して遠慮してるってことか。自分は客なのだから、遠慮などしなくていいのに。

「コーヒーをください」と言わずに「コーヒーでいいです」と言うあなたは、昼休みのレストランでは、「あ、私はAランチでいいです」と言っている。いつの間にか、それが口癖になってしまったのだ。「で」と「が」の違いを区別できなくなっているらしい。

しかし、聞く側にとっては「で」と「が」とではまるっきり違う。「コーヒーでいいです」と言われると、ホントはコーヒーじゃないほうが望ましいけれど、ま、コーヒーでもいいかという妥協のニュアンスが伝わってくる。

「私はなにがなんでもコーヒーがいい！」「私はAランチが食べたい」という真っすぐに押す熱意がゼロなのだ。

押す力は依頼に絶対必要な条件である。

▼相手の心中は……

「そんな！　私なんてまだまだです」と、ひかえめなフレーズと態度で接すると、「あの人って謙虚で感じがいい」と評判は上々だ。

「あら、そのくらいのこと、どうして言えないの？　私なら我慢しないな」とシャキシャキした物言いをすると、「あの人って生意気ね。肌が合わない」と不評である。

そうしたなんでもかんでも謙虚さが第一とされる会話こそ、まさに生活習慣病そのものだ。依頼力の成長を邪魔する最大の勢力だってことを知らなくちゃ。

評判を気にして謙虚さを装い、いつでもどこでも自分を低くして、相手を上にして話すなんて偽善以外のなにものでもない。かえって相手をバカにしていることになる。上にしておけば相手が喜ぶと考えているわけだから。

あなたの日々の慢性謙虚病が、「コーヒーでいいです」というひと言になる。そのフレーズが続けば、あなたの好感度はどんどん下がっていく。

▼あなたの失敗のスパイラル

実はあなたはデートでもその口癖で会話していた。レストランのメニューを開き、「私はカニのクリームコロッケでいい」、何の映画を観ようかと相談しているときも、「コメディ映画でいい」と言う。彼はその言い方が毎回不愉快なのだが、言葉遣いにクレームをつけると、自分がこころの狭い男に思われそうで黙っていた。

やがて、トラブル発生。二人の関係は解消。さよならの何分の一かは「で」が原因になっているが、そのことをあなたは知らない。

あなたは「で」に鈍感であるために人間関係が育てられないのだ。

最近では遠慮がちどころか、ふてぶてしく「コーヒーでいいです」と言い放ち、コーヒーショップのブラックリストに載っている。

あなたはこころの中の矛盾に気づいていない。

ステップアップするために

あなたは謙遜するということに対して過大評価していないかな。謙遜こそ美徳なりという信仰を持ち、感じよく話すためには謙遜入りでなければならないと思い込んでいるのだ。

自然界を眺めて、視覚トレーニングをしよう。大空はへりくだっているか？　バラの花はへりくだっているか？　タンポポはへりくだっているか？　それぞれがへりくだることなく威張ることなく、堂々とのびのび循環しているじゃないか。

コーヒーショップに行って、メニューから自分の飲み物を選び、自主的に注文するとき「コーヒーでいいです」と言うのはやめよう。あなたはへりくだりの精神でそう言ったとしても、一度コーヒーの身になってほしい。コーヒーがどんなに気を悪くするか、想像してあまりある。

あなたが、好きな相手から「あなたでいいよ」と言われたら、こころは何を感じるかしら。

これからは「で」の口癖とはキッパリ別れるのだ。たとえば、「私はここでいいのよ」と言わずに、「私はここがいいのよ」と言う。そう思わなかったら、「私はここでは嫌です」と言う。そう言えない立場や事情があるときは、「私はここでも結構です」と譲っていることをきちんと示す。

へりくだりの精神では、コーヒー一杯にしろ気持ちよく依頼はできないのだ。相手に呼びかけるには、相手を見つめ、具体的に主体性、主義、主張を表現することである。社会はジムなのだから、日々のエクササイズが必ずあなたの話し方を変えていく。

依頼力は一日にしてならず――が、原則である。

PART 3

説明力

あなたのお気に入りの映画は、オードリー・ヘプバーン主演の『ローマの休日』だ。あなたはヒロインの笑顔や身のこなしやおしゃれ感覚に共感し、いろいろな影響を受けた。まだ観ていない友だちにも奨《すす》めている。ひと言で言うとどんな内容なのかと訊《き》かれるが、答えられない。とてもじゃないけど、ひと言でなんか言えないと思う。しかし、ひと言で言えたら素敵じゃないか。トレーニングしてみよう。できない相談ではない。

目下イタリア旅行を計画中の友だちには、「ローマの街の見どころをガイドしてくれる映画よ。アイスクリームが美味《おい》しそう」と『ローマの休日』の景色の魅力について説明する。

恋愛進行形の友だちには「セリフがかっこいい。ユーモアもあるしね。あんな会話したいなあ」と興味を引くような説明をしたらどうだろう。

恋びとと別れたばかりの友だちには「別れを嘆かずにずっと愛しあう二人も存在するってことね」とひと言告げる。

どのフレーズも『ローマの休日』を説明しているものの、表現は異なる。なぜ異なるのかといえば、相手が何に関心を向けているかによって視点を変え、説明を変えているのだ。説明をしたからには、そのフレーズが相手の耳の中に入っていかなければ意味がない。そこで注意を引きつけるポイントにこだわる。そうしないと説明が耳を素通りしてしまうからだ。

商品のコピーなどは、眼や耳にインパクトを与えたくて極端な表現をする。間違った日本語を使って恥ずかしいというような意識はない。流行しちゃえばこっちのものだと考えているにちがいない。コピーの場合、大抵はたくさんの言葉は使わないで焦点をしぼって表現する。話す側も聞く側も集中できる時間はきまっている。長くなるとだらける。ぼやける。といってかっこよく説明しようと気張ってはだめ。表面的な物言いで調子よく話されるとうさんくさく感じるものだ。

むしろたどたどしくてもいい。話し方は巧みではないが、言葉を捜しながら大切に話そうとする態度がハートに届くのである。

相手がちゃんと聞いていることを確かめつつ、説明することも重要だ。聞き手の反応を置いてきぼりにして自己陶酔してしまったら、独り言になってしまう。

難しく説明するのが知的なのではない。聞きやすくわかりやすい説明が知的なのである。

1 「私って〜じゃないですか」

「私ってサッカーとかスポーツが好きじゃないですか」「私って人見知りじゃないですか」「私って口下手じゃないですか」などと話すあなたはその口調で毎日の会話生活を送っている。

初対面の相手にも「私って〜じゃないですか」と言ってのける。相手にすれば、あなたのことはまだ何ひとつ知らないのに、だ。一方的な「私って〜じゃないですか」によって二人の間にはきしみが生じるが、あなたは気づかない。

親しい関係でも、そのフレーズが入ると会話は弾まない。対話にならないからだ。話すあなたは、聞く側の相手を無視して自己確認にやたらこだわる。つまり、独り言の世界へ行ってしまうのだ。

▼相手の心中は……

あなたはその口癖で自分について説明しているつもりかもしれない。しかし、相手にとっては、あなたがどういうキャラクターなのかまったくの不透明である。言葉は聞こえてくるが、あなたの実体が見えないのだ。

「私って〜じゃないですか」を繰り返してはいるが、あなたは自分の内面のあれこれは語らない。ぼかしている。ぼかすことが目的でその口癖が身についたのだろう。曖昧《あいまい》にして、いい加減。ぞんざいで、たよりない。

そんな話し方のあなたに、相手が注目してくれる日は、いくら待ってもこないだろう。

▼あなたの失敗のスパイラル

あなたは相手に自分の存在を認めてほしいと望む。けれど努力はしない。願望がしょっちゅう裏切られているので、常に悪い結果ばかり連想するのだ。

「私って〜じゃないですか」という話し方で相手の同意を請求するような発信をしてしまうのは、自己表現以前に自己防衛をしているからだろう。

「私はサッカーとか、スポーツならなんでも好きです」と言えば、きちんとした話し方になるのだがそうしないのは、サッカーを好きな自分への疑いもある。ホントにそうなのかな。ルールもよくわからないし。同時にスポーツと自分のイメージがしっくり調和するだろうかという心配も働く。

たえず、社会の視線を意識しているので、「私は〜です」と言いきれないのだ。それでは曖昧な人と思われるだけなのだ。

ステップアップするために

最近、「私って〜じゃないですか」の口癖が蔓延《まんえん》している。まるでウイルスだ。勢いが止まらない。

話す側は無意識でも、聞く側にはなにか足りないな、なにかはっきりしないな、ということが伝わる。たとえば、水っぽいコーヒーを飲むような。文字の間違いが多い手紙を読むような。どこかが感心しない気持ちになるのである。そしてあなた自身は口癖にどっぷり浸《つ》かり、「私は〜です」とキッパリした口調で自己説明できなくなっていく。

きちんとした手順による説明トレーニングが、相手のハートにつきささる力を育てるのだ。「私ってここにいるじゃないですか」から脱皮して、「私はここにいます」へ。あなたはあらためて社会にデビューしなおそう。

2 「～っていうか、～だよね」

「とは言ったって」「でもねえ」などと言いたいとき、代用に使うのか、「～っていうか」「～だよね」が大流行だ。言う側も聞く側も意味不明のままその口癖を野放しにしている。文法的には、「～っていうか」では否定の気持ちが伝わってくるが、「～だよね」では肯定的口調だ。つまるところなにを言いたいのかな。

もしかしたらあなた自身にもわかっていないのかもしれない。本来なら、口ごもるところを無理やりに言葉にしてしまう。そこで「～っていうか、～だよね」とトンチンカンな受け答えができあがる。あなたはなにかを主張したいのだと思う。ところが気持ちにしろ考えにしろ、内面に揺れるものが何か、あなた自身がまずわかっていない。

▼相手の心中は……

あなたが軽い調子で「～っていうか、～だよね」と話しているかぎり、周囲の人たちの耳はそっぽを向き、あなたの存在は重要視されないだろう。

その口癖は決して上品ではない。だからあなたは安っぽい雰囲気を振りまくことになる。さらに「〜っていうか、〜だよね」と相手の考えや意見にいちゃもんをつけるわけで、相手としたら不快である。

迎合して、「そうよね」と言う必要はない。けれどちょこちょこと難癖をつけるような口調で親しげに話していると、結局主観がなくなっていく。

自己主張するでもなく反対意見を述べるでもなく、単にチャチャを入れる話し方のリフレインなんてエネルギーの浪費だ。

▼あなたの失敗のスパイラル

あなたは自分が感じたり言いたかったりすることをきちんとした言葉で並べず、グジュグジュとまるめて捨てるような話し方をしているのだ。

言いたいことを言葉にしたらどうなるかなんて考えないし、考えようとも思っていない。ただ毎日、同じように口癖を使って会話生活を送る。それはストレスになる。最初は我慢できるだろう。でも一週間が過ぎ一ヶ月が過ぎ、三ヶ月が過ぎると、じきに半年だ。あなたのストレス貯金箱には、この六ヶ月で得たものがぎっしりと詰まっているはずだ。ストレスを放っておいてはいけない。ストレスを我慢することが強い自分を育てることではないのだから。

ステップアップするために

そもそも、あなたの話し方には脆《もろ》さが目立つ。自己認識が希薄なのだ。〝自分〟という核に対して無知でありすぎる。自分が何を感じ、何を考え、何を求めているかがわからないのだ。だから外部へ向ける抵抗力が乏しい。他からの働きに簡単に動かされて崩れやすいのである。そうした脆さの部分だけは自覚していて、「〜っていうか、〜だよね」のフレーズで自衛しようとするのだろう。

あなたの話し方には顔がない。足音しかない。幽霊のように、実質を備えないで話すからだ。

自分のこころの動きを大切に扱おう。それを言葉化して自分自身に説明したらどうなるか。自分に「〜っていうか」と言ってみよう。自分はうれしがるかな？　説明力は、まず自分を相手にトレーニングを積むといい。

3 「この年齢《とし》になると……」

二十歳の女も三十歳の女も、このフレーズをよく口にする。四十歳、五十歳の女でもスルッとそう言う。ということは、実は年齢の数字などどうでもいいのだ。自分の現在を年齢と結びつけ、こうなった原因と理由は自分にはなく、年齢にあると言いたいのである。つまり、責任回避、そして、いい訳。

「この年齢になると……」の口癖は一生使えるから、とっても便利だ。特に、トレーニングなどを始めるとき、「この年齢になると……なかなか上達しなくて」と弁解しながら途中下車することもできる。

自分の正当性を主張するときの口癖だ。でも、気持ちのどこかがスッキリしない。いい訳は唇の保湿を奪うのだ。

▼相手の心中は……

そのひと言を発するたびに、あなたは〝若さ〟を失っていく。たとえ自分自身はなんとなく言っちゃったにしろ、この生活習慣フレーズであなたは何かを隠そうとしているのだ。そこで感情にムラが生じる。「この年齢になると……」は自分の年齢を否定しているフレーズであり、元気も無視したフレーズである。そういう口癖と馴染《なじ》みになると、「女なので……」「男なので……」「ニッポン人なので……」と何を話すにもいい訳口調になり、内容はどうしてもネガティブカラーだ。相手もあなたにネガティブな人と烙印《らくいん》を押すだろう。

まだ年齢は若い数字なのに、口調はやけに円熟しているかのように、「この年齢になると……」と話しているうちに、数字に関係なく若さは失われる。どんな上質な化粧品を使っても、その若さは再生できない。

▼あなたの失敗のスパイラル

あなたの話し方は、いい訳を前奏にして始まる。けれど「この年齢になると……」というフレーズには大した根拠がないので、すわりが悪い。「そんなことないわよ」とあなたを励ます声があるし、「そうそう、私も同じ」と賛同する声もある。しかしあなたはどちらにも興味はない。

別にあなたは謙遜して「この年齢になると……」と言ったのではない。といって、「この年齢」友の会の会員を募集するつもりもないのだ。あなたはかなり傲慢《ごうまん》な気持ちでそのフレーズを口にしているのだと思う。周囲に対して、ちょっと高ぶった意識を抱き、見下す態度を表してしまう。その結果不安定な気持ちになるのだ。

ステップアップするために

〝若さ〟を失い、〝不安定〟な気持ちになる。そんな生活をしていたら楽しいはずがない。

それというのも、あなたが感情表現を抑え込んで暮らしているのが原因だ。たとえばあなたは何かを自慢したいとき、そんなことをしたらはしたないと自分の感情をコントロールする。周囲の低俗な話題にうんざりしても、くだらないとは言えず、結構我慢する。いつも本音を言わないのだ。なぜ本音を言わないのか。本音を言うと嫌われると思い込んでいる。それが怖くてたまらないのである。口癖で自衛していると、いつまでたってもあなたの説明力はアップしない。説明する前にいい訳をしているからだ。

「この年齢になると……」のかわりに「私は……」と言ってみよう。あなたが何をどう感じるかについて話すのだ。簡単ではない。だからこそ実験しがいがある。

4 「私の中に～な自分がいて……」

「そんなにカッカしてるときでも、私の中に冷ややかな自分がいて……」という話し方は、自己分析をしているように聞こえるので知的だと思われがち。口癖扱いはされない。

しかし、口癖である。その話し方では大抵「冷ややかな私がいて……」の先がない。つまり、自分について説明するための話し方ではなく、説明を区切るためにそう言うのだ。

「私の中に～な自分がいて……」と、自分の中に新しい自分像を発見したことを告げる。

それは、「わがままな自分」だったり、「イジワルな自分」だったり、「無関心な自分」だったりする。その発見が、本人にはちょっと面白いのかもしれない。そしてあなたは、面白さに甘んじている。「それを面白がる自分がいて……」なんて言ったりして。

▼相手の心中は……

「私の中に〜な自分がいて……」という言い方は正直そうに聞こえる。けれど、実際は単なる描写に過ぎず、あなたの中の「〜な自分」についてあなたがどう感じているかは語っていない。しかし「弱い自分がいて……」と言うことで、「弱い自分を本人が認めているのだから、あなたも認めてほしい」といった哀願ムードが漂ってくる。

それよりも「私って弱いところがあるんです」と素直に言えばいいのに。「〜な自分がいて……」と気取るところに、相手は安っぽい印象を持つ。

▼あなたの失敗のスパイラル

あなたの話し方は終始保身的だ。ボロが出ないように気を配り、一方ではユニークだという評判も取りたいのだ。見栄っぱりなのである。だからその口癖が気に入っているのだろう。「私の中に〜な自分がいて……」と話すことで、あなたは、自分は新しい視点や新しい認識を持っているという錯覚をする。

長髪スタイルが一見反体制をシンボライズしているかのごとき印象を与えるのに似て、口癖を多用し時流に敏感なイメージを演出するなんてわけもないことだ。ときには口癖って、流行性感冒そっくりである。感染度の高いインフルエンザ型口癖には用心することである。

ステップアップするために

コミュニケーションが停滞しているとき「私の中に怒っている自分がいて……」と話しても、伝えたいことは相手に届かないだろう。

こころの症状を率直に言えるトレーニングをどんどん積もう。「私の中に～な自分がいて……」という口癖は、会話中や自己表現の際、どこかで遠慮したり、なんとなくビクビクしたりしながら話すことが原因になっているのではないかな。フラストレーションが招いた口癖なのかもしれない。

会話は〝開我《かいわ》〟だ。

自分が北を向いているのか、南をめざしているのかを説明できるように、日頃から考える習慣を持つことである。考えていないと言葉にできない。考えすぎると言葉にできない。説明力は口癖消去法でゆっくり身につけたらいい。

5 「私なんか〜だから」

「私なんかなにやってもダメだから」「私なんかが意見言ったたって、誰も聞いてないんだから」「私なんかいてもいなくても同じなんだから」などとぼやいていると、ホントにあなたは何をやってもマイナスの結果に出逢《であ》う。

まず、「私なんか」という思いあがった言い方をチェックしよう。〃私〃のことを大して知りもしないで、〃私〃を軽視するような口ぶりで話してはいけない。〃私〃に対して失礼だ。あなたは自分が〃私〃をコントロールしているつもりかな。それは間違いだ。あなたの中の〃私〃があなたに〃なんか〃と言われる筋合いはないのだ。最初から自己蔑視しているので、なりゆきとして結果が輝かないのである。何気なく使っているひと言があなたの幸せを邪魔しているのだ。

▼相手の心中は……

たぶん、「私なんか……」とあなたは謙遜したつもりだろう。ひかえめにつつましく、あなたは自分以外の人は上に置き、自分を下にして話す。

もともとあなたは変化への恐怖心を持っていないだろうか。そこで「私なんか〜だから」と言えば、変わらずにすむ。

最初の謙遜の気持ちも、裏を返せば現状維持のポーズにすぎない。謙遜とはへりくだること。自分を偉いものとは思わずに目立たないようにする態度である。しかし、へりくだりも度が過ぎると相手はしらけてしまう。

自分自身の感情を抑え込み、社会に対しては気がねをする。こころはつらいにちがいない。

▼あなたの失敗のスパイラル

「私なんかモテないんだから」「私なんか落ちこぼれなんだから」と多少やけっぱちに言っておくことで、あなたはバリアを張りめぐらす。それは〝卑下〟である。

あなたは、自分自身のリーダーのつもりかもしれないが、あなたの自分自身はもっと深いところに住んでいて、さまざまな発想を持ち、可能性もゆたかなのだ。それに気づかず、「私なんか」と卑下していると、いまに自分自身が謀反を企てるかもしれないぞ、そのつもりで。表向きは謙遜であっても、その裏側の真実を認識しないとまずい。謙遜を隠れミノにして自分の感情を隠しつつ会話するのが、五十年前の人たちの話し方だ。説明力の必要性などまるで考えていなかった頃の話し方だ。

ステップアップするために

あなたは本気で自分自身をけなしているわけではあるまい。謙虚さプラス負けん気も働いていると思う。「私なんか～だから」と言いつつ、その言葉とは反対のことを考えている。少なくとも最初はそうだったのではないかしら。他の人たちと比較したら「私なんか」だけど、自分には自分の良さもあるんだと意識し、さらに大げさに謙遜して、「私なんか」を繰り返す。

いちばん危険なのは、その口癖が発端になり、何ごとにつけても思っていることとあべこべの発言をする生活習慣が身につくことだ。

自分自身へのマナー違反。古めかしい謙遜口調。負けん気の強さ。そうしたいくつものエレメントがごっちゃになって、口癖を生んでいる。その話し方があなたの運命まで支配しかねないのだ。

6
「私って男っぽいところがあるし……」

ウワッハハハと笑い、仕事のサクセスを目標にするあなた。物言いが雑なことは十分承知していて、「私って男っぽいところがあるし……」が口癖。

男の場合は、「オレって女っぽいとこがあるしな……」とはほとんど言わないが、なぜか女の場合は自分の男っぽさを自慢する。あなたも、そう。

まだまだ女の意識の中には、男への畏怖心と劣等感があるのかな。少なくともあなたは男のパワーに威圧されているにちがいない。だから自分の性格や態度や行動を男っぽいと格付けしたいのだ。

そこであなたは、あえて男っぽくサバサバした口調で話したり、「メシにする?」「おっ、デカイ!」などと男言葉を愛用し、疲れ知らずのごとく元気に振る舞う。

▼相手の心中は……

〝女性〟というのは、あなたの個性の一部である。でもあなたは「女っぽい」と言われたくない。「男っぽい」と言われたいのだ。そう言われると、褒められたと早合点する。つまり、男性に対してコンプレックスを抱いているからだろう。

あなたは自分のガサツな話し方やデリカシーのない行為を男っぽいと決めてかかっているが、それは誤解だ。男にもいろいろなタイプがあり、デリカシーに富んだハートの持ち主だって多い。

あなたは男っぽいのではない。相手には〝女性〟性を放棄しているだけに映るだろう。女性の特質を剝奪されてしまったような話し方では、自分のこころの中を説明するのは不可能だと思う。

▼あなたの失敗のスパイラル

男っぽさを気取り、男社会の習慣を基準にして生活習慣を組み立てるのはまずい。それは別に幸せの基準ではないのだから。

あなたは男の話し方をなぞり、やがて彼らの意地までなぞることになる。結局は「私って男っぽいところがあるし……」と言いつつ、迷走するだけだ。

自分が思ったことをどこまでもやり通そうとする気持ちを大切だと考え、あなたは自分の感情を封じ込め、そっと抹殺していく。

その生活習慣を身につけると、ウワッハハハと笑っても、喜怒哀楽をきちんと言葉にすることはない。それも男たち流をなぞるのだ。

言葉にするのは照れくさいとか面倒だとか、なにかしら理由をひねり出し、結局は言葉にしないのが美学だと思い込む。実際は、言葉にしたくてもできないのである。

ステップアップするために

男たちはプレゼンテーションに関してはキャリアがある。図面を説明するのは得意なのだ。しかし、こころの動静や構造などについて説明するのは大の苦手。

彼らは自分の内面の感情の揺れや感覚の働きに対してはネガティブなのである。それが彼らの伝統であり、社会のシステムだったからだ。

もしかしたらあなたは、〝男性〟性を知的パワーとしてとらえ、憧れの気持ちも手伝って彼らを過大評価しているのではないかな。

〝男性〟性は理性的パワーである。あなたは自分の説明力不足を理性の未熟さだと考えている。

しかし、説明力不足は、理性の未熟さではなく理性への過剰依存が原因なのだ。あなたは何もかも頭で考え、頭で答えを出し、頭で処理する。いかにもそれは、男っぽい。これまでずっと男たちが身につけ活用してきた生き方であり、話し方だ。ところが、その生き方、話し方ではコミュニケーションがとれにくい時代になってきている。生活習慣を変え、認識を変えなくては先へ進めないのである。

生体構造上、すべての女の中に、〝女性〟性と〝男性〟性が組み込まれ、すべての男の中に〝男性〟性と〝女性〟性が息づいているという。

彼女が自分自身の〝男性〟性を誇りに感じるのなら、同様の関心を〝女性〟性にも向けることだ。そうしないと、あなたは自分の感情や感覚をもてあまし、苦痛と不安の毎日を送らなければならなくなる。

自分の説明力不足の部分を〝男っぽさ〟でカバーし、〝男っぽさ〟に依存しているのだ。

7 「そうそう、アレよね?」

相づちのつもりか、発言のつもりか、アレがひんぱんに登場する。

「だから、アレなんじゃない?」「あの人って、アレでしょ?」「今度アレしない?」「アレ? OKよ。いつでもどうぞ」などとアレを混ぜた会話が弾む。「アレって?」と訊き返す人はほとんどいないのが不思議だ。

相手はアレでわかるらしい。わかったつもりになるのか、あるいはわかったふりをしているのかもしれない。

訊き返すのは失礼だと思い、「アレ? ああ、アレね」と曖昧に納得。それほど大事な事柄ではないからというのが、いい訳。その口癖で話していると、「アレってね」「うんうん、なのよねえ」「ま、いいか」とどのフレーズもどんどん簡略化してしまい、まるで暗号の会話のよう。その乱雑さときたら、もう話し方以前の問題である。

▼相手の心中は……

頭の中ではアレが見えているので、相手にも見えるだろうときめ込んで、「そうそう、アレよね?」と言う。その口癖を常用していると、話し方全般に具体性がなくなる。

あなたは自分の話し方が抽象的だとすら感じていないのである。自分では話したいことや話したい人物がイメージできているので、それが見えていない相手のほうこそへんだという発想になる。それこそ相手には迷惑な話だ。

さらに困るのは、周囲があなたを放ったらかしにする点だ。時々、「またアレ?」と鋭い声で指摘されても、まったく傷つかない。「ウフフフ」と笑いでごまかし、しばらくして「アレがねえ」となる。

説明するだけでなく、説明されることにも、関心を持たない。家電製品の説明書を読むのも苦手ではないだろうか。「アレって、よくわからない」とブツブツ。

▼あなたの失敗のスパイラル

「そうそう、アレよね?」が口癖の人は「別に嫌じゃないけど」と言うかわりに、「別にアレじゃないけど」と言ったりする。

「彼女ってステキよね」を「彼女ってアレよね」と言い、「彼って信じられないからね」を「彼ってアレだからね」と言う。肝心なところの形容詞や動詞を脱落させて喋《しゃべ》るのだ。

なぜはっきり言わないのか。ときには当たりが柔らかく聞こえるように、アレを使う。ときにはそのものズバリの表現を恐れて、アレと言ってごまかす。

無意識のように使ってはいるが、どうしてどうして、決して無意識ではない。アレという代名詞を選んでいるのだ。

周りの人はあなたを幼稚な人と思うだろう。

言葉を知らない子どもと同じだ。テーマのないおしゃべりしかできないから、意見を闘わせるなんて夢のまた夢。

「そうそう、アレよね？」の口癖は一種の幼児語と言ってもいいかもしれない。

ステップアップするために

最初は隠語みたいに仲間うちで使っていた「そうそう、アレよね？」が、口癖になると、あなたの思考力までアレに侵される。

考えれば思いつくことや、もっと考えれば処理できる状況に直面しても「わっ、アレってわかんなーい」と即座に答えを出してしまうのだ。

具体的な発想が持てないので、自分のイメージが唯一の手がかりなのである。それでもあなたは自分のイメージを言葉で説明はできない。言葉に置き換えるとイメージが散乱して収拾がつかなくなるのだ。

イメージに振りまわされる生活習慣をやめるしかない。「アレ、アレがね」を「○○がね」と本来の名前で呼ぶこと。言葉をはしょると、説明もはしょることになる。

8 「前向きに考えたい」

TVでも新聞でも、毎日誰かがこのセリフを口にする。

「今回のことを教訓にして、前向きに考えたい」「問題は山積みですが、前向きに考えたい」「自虐的にならず、前向きに考えたい」「あなたのお申し出について、前向きに考えたい」などなど。

目下は逆風の中にいるが、プラス極を見つめ、積極的に取り組む姿勢をアピールするときに登場するフレーズである。

行動的かつ発展的な心構えを示し、やる気があるところを見せる。そのひと言で相手の心配を打ち消そうとする目的があるのだ。

ということは、一方にもやもやした心配があるとき、心配とセットで「前向きに考えたい」というフレーズが使用されていることになる。

まるで御祓《おはら》いのようなひと言だが、あまりひんぱんに聞かされると、マジック効果は減っていく。

▼相手の心中は……

「前向きに考えてよね」「当然じゃないか、前向きに考えてるよ」と会話する二人。前向きという表現が使われているにもかかわらず、二人の間で何かが進展した気配はない。

「前向きに考えたい」のフレーズは便利だ。それを隠れミノにして現実の人間関係が後ろ向きに動いていくことは多い。前向きと言うと聞こえはいいが、なかなか内容がともなわないのである。言葉とはうらはらに進歩がないのだ。「前向きって？」と訊き返したいくらい、観念的ではっきりしない表現でもある。

つまり、詳細を説明したくないから、「前向きに考えたい」と逃げるのだ。相手も逃げの姿勢に気づいている。

統計的に、後ろ向き志向の人ほど「前向きに考えたい」と言うものだ。

▼あなたの失敗のスパイラル

「検討します」という言い方と「前向きに考えたい」とは共通点がある。どちらもぼかし語だ。ダメ！　と拒絶はしないけれど、結局は答えを濁しているのと同じだ。

そのフレーズを口癖にしていると、いつかうしろめたさを感じる。別にうそをついているわけでもないのに、なぜうしろめたさを感じてしまうのか。それは話し手が、「前向きに考えたい」のフレーズに込めた不誠実さを自覚しているからだ。もしも本当に、進展させる意志と意欲があるのなら、「前向きに考えたい」という表現ではものたりないはずだ。

相手をだます目的のうそではなくても、自分のこころに誠実でない物言いをすることは自分自身にうそをつくことになるので、うしろめたさは募っていく。そして、うしろめたさは話し方全体を萎縮させるから、ご用心。

ステップアップするために

「今回のことを無駄にしたくない。規則改正をします」「問題は山積みですが、まず転職をすることから始めます」「自分で自分を必要以上に責めても解決にならないってわかりました」と話せば、その人がどこを向いているかが見える。

別に「前向きに考えたい」と言わなくても、前向きか後ろ向きかは話し方の丁寧さによって伝わってくるのだ。

説明の際、ミリメートル、センチメートル、メートルという長さの単位を意識して話してみるといい。メートル語は多少おおまかに話すときの語り方。センチメートル語は実物大くらいの感じ。テンポもふつうの語り方だ。

ミリメートル語になると細やかで礼儀正しく深い語り方になる。

ミリ語、センチ語、メートル語。三種類を組み合わせて説明力をつけよう。もっと個性を活《い》かし、ホントに前向きな人だと感じさせる話し方をしよう。

9　「微妙に、よくない？」

細かいところに重要な意味が含まれていて、ひとくちでは言い表せないときに、「微妙なニュアンスの違いね」と言ったりする。その使用法と同じつもりなのか、どこがいいかはっきりとは指摘できないが、なんとなくいいと感じた場合に「微妙に、よくない？」という言い方をする。

曖昧表現語のひとつだ。多くの人たちがそういうシーンを体験するので、そうしたフレーズはすぐに流行の波に乗る。

「この口紅の色、微妙にキレイ」「いまの仕事は微妙に相性がいいと思う」「この店のパスタ微妙に美味しい」というふうに、何についても、説明しにくい差異は「微妙に」のひと言に頼ってしまう。

他とは違う小さな感じ、理屈にあわない不思議な感じを言葉で表現したいのだが、言葉が見つからず、「微妙に、よくない？」。一度使うと、二度三度。そして口癖になる。

▼相手の心中は……

あたりまえの感じではないとか、ミステリアスな魅力を感じるとか、自分の感覚が受信したものを解明しようとしないで「微妙に、よくない?」と言う。

そう言ってしまうことで、せっかく受信しているものを、毎日まるで、受信していないのと同じ状態にするのだ。

つまり核心がない、と相手は気づく。

あなたは自分が何をどう感じているかを言葉にして説明できないまま、口癖で表現する。あなたはとりあえず話したつもりになるが、相手には実際は何も伝わっていないのだ。気取っているようにも見える。

口癖を借りて喋っていると、自分自身のこころの奥底を覗《のぞ》くチャンスがない。

りんごや梨の外見と果肉には詳しいが、中の芯の部分は見たことがないのである。

だから説明したくても核について説明できないのだ。それは自分にとって歯がゆく不安なことだと思う。

▼あなたの失敗のスパイラル

自分の言葉で自分の考えを話すことは、簡単ではない。口癖がばらまく最大の危険性は、みんなが使う表現をレンタルして、型通りの話し方に安住していると、自分の言葉と自分の考えが全然育たなくなる点だ。

説明しない習慣に甘えて過ごせば、表現下手を暴露しないですむ。現在は、そのほうがラクだろう。しかしずっとそれをつづけていると、いまの生活習慣を切り替えるタイミングがつかめなくなる。

言葉と考えが育たず、判断や処理ができないキャラクターは社会生活に馴染めず、社会の大きななわとびに飛び込んでいけないのだ。

口癖は怖い。甘い味の麻薬なのだ。説明する意志を根っこからダメにする。

ステップアップするために

「微妙に、よくない?」と言うことで、あなたは理性的に説明しているつもりなのだ。耳に届くときは曖昧に聞こえるものの、口癖って案外理性が添え木になって立っているから、面白い。

きちんと表現できないけれど、輪郭を説明したいと思ったとき、あなたは口癖にすがってしまうのではないかな。「微妙に」は「どことなく」より言葉上では具体的だ。

あなたの感覚はもともとは豊かなのである。だから、「よくない?」だけでは満足できず、「微妙に」というフレーズを加えずにはいられないのだろう。それによって、「よくない?」より少しだけでも感覚のデリカシーを訴えたいのである。

自分の敏感な部分を認めてほしいという気持ちと口癖が共犯関係になる例も、往々にしてある。この際、別れ話を持ち出し、スパッとさよならしよう。

10 「あの人って癒し系なのよね」

口数が少なく静かで温かな人柄のあの人を癒し系だと分類するフレーズだ。

その元になっているのが〝癒す〟という動詞だ。この言葉がもてはやされるようになって、久しい。流行語という段階を過ぎて、いまも変わらずに使われている。それは社会全体が疲れているせいかしら。

〝癒す〟の意味は、病気や傷を治すこと。また肉体的精神的苦痛を解消させることが〝癒し〟である。

ということは、まず病気や傷が存在していて、そこに癒しの手が伸びるのだ。病気のないところに癒しは必要ないのだから。

「あの人って癒し系なのよね」と言う人は、たぶん毎日がつらいのだろう。

その中であの人は話し手に優しく接してくれるのだ。

あの人を褒めたい気持ちと、どうしてあんなに優しくできるのだろうという小さなやっかみがせめぎあう。そしてこのフレーズが誕生する。

▼相手の心中は……

話し手は軽い気持ちで「あの人って癒し系なのよね」と言ってるつもりなのだ。自分がなぜそういう言い方をしてしまうかには気づいていない、相手の特性を評価しつつ、同時に否定するような話し方だ。理由はひとつ。こころが歪《ゆが》んでいるためにそうなるのである。

ちょっと気になる相手を「あの人って癒し系なのよね」とやんわり切り捨てる。人間を相手に「癒し系なのよね」とどこか見下し、勝手に分類する生活習慣。安易である。ちょっと思いあがっているような。

そうした偉そうな口ぶりは癖になりやすい。尊大な口ぶりは相手にとっては威圧的に聞こえる。自分の心理状態を隠してヒョロッと言ったひと言は、たとえ説明がなくても相手には伝わるものだ。

▼あなたの失敗のスパイラル

「癒し系の旅へのお誘い」「癒しの音楽が眠りのナビゲーター」「癒しのグッズがズラリ」などと視覚、聴覚、嗅覚、味覚、触覚を「癒し系」が刺激する。

表現のインパクトに乗せられて、あまり考えずに流行用語を使う話し手が少なくない。社会現象に影響されやすい人は、流行の話し方にも影響されやすい。「癒し系」の一語に振りまわされ、自分自身を見失うのだ。

たとえたくさんの言葉を知らなくても、それぞれを丁寧に組みあわせてみよう。工夫するのだ。

服を着るとき、このブラウスにこのスカート。ネックレスは？ ピアスは？ と選んでは決めていくように、言葉も組みあわせ次第で説明力を発揮する。

「あの人って癒し系なのよね」のフレーズの繰り返しは、通俗的である。

ステップアップするために

「あの人と一緒にいると感情細胞が開いて、とても素直になれるのよね」と言えば、それは間違いなく、あの人を褒めていることになる。

口癖を使わなければ、あなたはそういう言い方で自分の気持ちを語れるのだ。感動や意見やリポートなどをミックスさせて説明すると、伝わりやすくなる。

オリジナリティあふれる説明は至難のワザだと決め込まないことだ。オリジナリティずくめではなくても、あちらこちらにオリジナリティがチラッと輝くような話し方はトレーニングで可能なのだ。

「癒される」を「ホッとする」という言い方に変えると、気持ちまでホッとするのではないかしら。別に病気ではなく傷口パックリでもないのに、「癒す」という動詞をあまり使うと、ほんものの病気や傷を呼び込むことにもなりかねない。

11

「負け組にはなりたくないから」

「勝った」「負けた」という二極化表現が、スポーツ界だけでなく人間関係全般にわたっても倍増中だ。

そうした社会環境の中にいると、本意ではなくてもフラッと「負け組にはなりたくないから」なんてフレーズを口走ってしまう。

使い慣れないひと言を最初に口にするときは勇気がいるが、二度目三度目になるとあたりまえのように言えるから、不気味だ。

その不気味が危ないのである。

〝負け組〟という表現に大ざっぱな状況説明が入っているので、内容を詳しく説明しないですむ。聞く側も、フーン、負けたくないのかと納得して、それ以上は訊《たず》ねない。

「勝った」「負けた」の二極化表現は、こころの内部を説明しないですむという気軽さもあってこんなに人気なのだろう。

▼相手の心中は……

なぜ自分が負け組になりたくないのか。その点を自分に説明できたら、口癖のひと言に振りまわされることはないと思う。

勝利と敗北の間には、どちらとも言えない無数の状況が存在している。シーンごとに、感情と感覚が揺れ動き、発見したり体験したりしながら視野は拡がる。

成長するってことは、視野が拡がることだ。観察アングルが増え、思慮の海底が深くなり、自分ワールドが日々発育する。

ところが、どのようなシーンでも相手に負けないことがいちばん重要課題になると、その一点にしか眼が行かなくなる。〝視界〟が狭くなるのだ。勝ち負けしか見えないあなたに相手はどう接すればよいのか。次第に避けるようになるだろう。

成長に視界はつきもの。視界が狭くなったら成長はストップするしかないのだ。自己説明を怠り、口癖に寄りかかることへの代償は大きい。

▼あなたの失敗のスパイラル

「負け組にはなりたくないから」というフレーズを常用していると、意識の中で、勝つことは自慢になり、負けることは恥辱だという価値観になる。

その視線で社会を眺めるので、サクセスした勝ち組を崇《あが》め、負け組を軽蔑する習慣がつく。「負け組にはなりたくないから」の口癖からは差別の気持ちが育つ。負けたくないと感じること。それは誰にも心当たりがあるだろう。生きる上でのエネルギー源になるし、尊い感情である。

しかし、その感情を口癖に託しておくだけだと、差別の意識につきまとわれ、同時に自分も差別されているという強迫観念で苦しむ。

自分の口癖がどこから来てどこへ行くのか。それを自分に説明する習慣を持とう。話し方のトレーニングとして省けないコースだ。

ステップアップするために

なにごとに関しても負けてはいけないというのが、あなたの信条だ。勝つことイコール幸せ。その定義のもとに暮らしている。たぶんそれは自己暗示によるものだろう。

「負け組にはなりたくないから」のフレーズがあなたの毎日の習慣や考え方を支配しているのだ。あなたがそのフレーズを支配しているのではない。そこをチェックしよう。

現実は厳しい。勝つためには努力が必要だ。でも、努力、努力の毎日ではヘトヘトになる。そこであなたは運命を味方にしようと、運勢を占ったりツキが回ってくるというマニュアル本を読んだりする。いつか「負け組にはなりたくないから」を御題目《おだいもく》に、勝ち組マニアックと化するのだ。

それでは結局、他力本願にすぎない。一刻も早くあなたは気づいたほうがいい。自分自身にも相手にもそんなフレーズは使わずに会話し〝広い視界〟を取り戻そう。〝差別〟を捨てよう。

最初は自分の意気込みを説明するのにふさわしいかなとフラッと口にしたのかもしれない。「負け組にはなりたくないから」のフレーズを借りて、自分のやる気を内外に見せたかったのかもしれない。

けれど意気込みを説明するのは、言葉だけでは無理だ。行動がともなわなければ、あることをしようとして精神を集中し情熱を燃やすあなたの熱さは表現できないのである。

目下のところ、あなたは負けないことで自分の立場を説明する。そして、負けない理由が自分の実力を証明すると解釈しているのだろう。しかし、「負け組にはなりたくないから」で語られるあなたのキャラクターはほんの一部分にすぎない。その裏側のまだ語られていないあなたのほうが俄然《がぜん》多いのである。

あなたという個性はまだまだ無限の可能性にあふれ、どこまでも進化できるのだ。それには、自分の中の気高いやる気を安っぽい口癖で説明してはいけない。もっと言葉を選び、もっと大切に自分のオリジナリティを説明しなければダメだ。トレーニングが必要である。そのプロセスであなたはさまざまな発見をするだろう。「負け組にはなりたくないから」のフレーズの薄っぺらさが自分には似合わないということに早く気づいてほしい。

12 「だって仕方がないでしょ」

「どうしてそうなったの?」と訊かれて、「だって仕方がないでしょ」と答える。やむをえなかったと言いたいのだ。他に方法がなかったのである。「だって」は、相手に抗弁して、それはそうだがこちらにはこんな事情があると言い返すときに使う。というわけで「だって」プラス「仕方がないでしょ」は相手に対してぐいぐい逆らい、別の言い分を主張しているのだ。

「だけど、そうなったのには理由があるはずよ。違う?」と相手はさらに訊く。「仕方がなかったって言ってるじゃない。うるさいなあ」でお開き。もう会話は成立しない。つまり会話を成立させたくないときに、このフレーズは登場する。

▼相手の心中は……

このフレーズを愛用する人はいつまでたっても会話が苦手だ。したがって説明力も育たない。仕事のプレゼンテーションの場でも、現状に逆らうことでテーマを展開しようとするから、説得力に欠け、失敗する。

ネガティブで悲観的な口癖はいろいろな出逢いを逃す。相手がもっと話したいとかまた逢いたいとか、そんな感情を抱くような会話の展開ができないのである。どんな相手、どんな話題でも自分の主張が受け入れられないと感じると、ムッとしてひねくれてしまう。その心境を説明したくはないので、口癖の力を借り、ドアをピシャッ。自分の世界に閉じこもる。相手はなす術《すべ》もない。

▼あなたの失敗のスパイラル

表面は明るく振る舞い、「だって仕方がないでしょ」と軽やかに言うとしても、そのフレーズとつきあっているかぎり、説明力はどんどん衰え、混乱が増大する。常に自己弁護の気持ちが働き、相手への反感を抱きつつ安易な口癖のご厄介になっているから、文法的にも言葉の扱い方が稚拙なまま、上達するチャンスがないのである。そうなると、悪循環だ。自分には自分の事情があるのだという想いばかりが逸《はや》り、なにがなんだかわからなくなっていく。考えていることと実際に言葉にすること、言葉にしたいことの三種類の言語がごっちゃになり、混乱を招くのだ。「だって仕方がないでしょ」はセリフにすぎない。言葉の上ではあきらめたふりをしても、自分の中にわだかまりがないわけではないのだ。混乱のタネはつきない。

ステップアップするために

あなたはそもそも説明するのが面倒くさいのではないかしら。順序立てて説明する難しさ。ボキャブラリーの貧しさ。時間がかかるわずらわしさ。だから説明しないで、「だって仕方がないでしょ」に逃げる。でも確かにあなたにはあなたの事情があるのだ。それをうやむやにしては、自分に対して不誠実である。

説明するときのポイントを暗記して話したらいい。別に難しい言葉を使う必要はないのだ。むしろ簡単なわかりやすい言葉でフラットに話そう。こう話したほうが相手が受け入れてくれるだろうという、おもねった話し方はやめる。実直にたどたどしく、こころを込めて話すのだ。事情の全域を話すと長くなるかなと感じたら、ここところは相手に伝えたいというところだけ、ポイントを絞って話そう。

そうした力を身につけるには、たとえば映画やTV、本、旅などで感じたことをノートに箇条書きにして、自分がどこに共感したか、どこに反感を覚えたかを知る。CMひとつでも、意識を開いてしっかりチェックするのだ。「この新作CMの音楽が好き」「モデルと商品がハーモニーしてる」というように自分の感じたことを言葉に置き換えてみるのだ。

説明力というのは、なんでもないことを「これはね」と骨惜しみせず話すことで身につくものである。少ない言葉でボソボソと「これはね」と説明しても、あなたの中に伝えたい気持ちが強くあれば、きっと相手に伝わるだろう。

相手をもっともっと信じるのだ。相手だってバカじゃない。あなたの言葉がわかりづらくても、あなたの気持ちには反応するはずだ。たとえばそういう相手にまだ出逢っていなくてもあきらめないこと。一回や二回、十回や二十回で懲りずに、あなた流の説明をしつづけるのだ。

最初から説明力を持っている人はいない。トレーニングでつかみ取るしかないのである。

13 「そのくらい言ったっていいじゃない」

「何回言えばわかるんだよ」

「言い方がめちゃくちゃだから、さっぱりわかんないのよ」

「聞き方が悪いんだろ」

「冗談じゃないわよ。黙っていればいい気になって、最低！」

「なにが最低だよ」

「自分でわかってないんだから、もっと最低！　最悪太郎って名前変えたら？」

「なんだよ、それ。謝れよ」

「まあ、びっくり。そのくらい言ったっていいじゃない」

という具合に言葉を投げあう二人だが、いっこうに話の核心に迫ろうとはしない。むしろだんだんテーマの圏外に出てしまう。

喧嘩《けんか》用の口癖で争うからだ。口癖は本心ではない。本心を隠すために育った生活習慣用語である。きちんとした喧嘩をするなら口癖の出番はない。たぶん、口癖で喧嘩をしている間はなんとかズルズルその関係はつづくのだろうが……。

▼相手の心中は……

「そのくらい言ったっていいじゃない」というフレーズを口にする前には、言いたくて言えないイライラや我慢の時間がたくさんあったにちがいない。

会話下手で説明下手の人が常用するフレーズだ。目の前に相手がいるときは黙りこくり自分のホントの気持ちを素直に言えなくて、自分ひとりになるとぶちぶちと独り言で愚痴る。

あなたは言葉が自己表現のためのツールだとは考えていないのだ。

では言葉って何？　とも考えたことがない。言葉に対して無知なのである。だからいくら言葉を連ねても自分について語れない。

主体性がないから相手にはあなたの本音がまったく伝わらない。

言葉は読み書きのためにだけあるのではない。総合的に言葉を使いこなすことが、その人をもっと魅力的に見せることにつながるのだ。これからは新しいトレーニングが求められる。

▼あなたの失敗のスパイラル

この口癖の人は自分自身の喜怒哀楽について詳しくない。周囲の影響を受けやすく、突然うれしがったり悲しがったりする。情緒不安定の面があるのだ。しかし本人にはそういう自覚がまったくない。続ければいずれ孤立してしまう。

「私はちゃんと説明したのに、そっちが聞いていなかったんじゃない?」「あら、私はそんなことを絶対言ってない」「いつも私がいちばん悪いのよ」「なんでそんなに怒られなくちゃならないの」「どうせ私なんかお邪魔でしょうよ」などなど、被害者役を一手に引き受けて本人は自己満足している。

なにごともネガティブ思考なのだ。暗くせつなく考えて、マイナス指定席に座らないと気分が落ち着かないのだろう。

発想を転換したほうがいい。イヤ、しなければまずい。いまのままでは不幸だと思う。幸せになる義務を放棄しないでほしい。

ステップアップするために

あなたが幸運をつかむ道はひとつ。体裁などにこだわらず、説明力を身につけるトレーニングを始めることだ。それにはまず、不満を感じたらふくれて黙るという習慣をやめて、その都度感じている不満をちょっぴり表現する。言葉でピタッと言えなくても、せめて表示は忘れずに。

これまでの、耐える↓耐えられない↓感情的になる↓むきになる↓切れる、の思考回路を全面取り替えにするのだ。途中で相手のテンポに合わなくなったら、「ちょっと待って」「ゆっくり話して」とハート形のイエローカードを出そう。

とにかく、説明することが大の苦手のあなたが一念発起で説明上手をめざすわけだから、あまり張りきりすぎないことも大切だ。走る習慣のない人が、自由参加のマラソンに出場するようなものだと思おう。

いずれにしろ、勇気のサポートが必要である。なぜあなたが説明力を身につけておかないと不利かというと、二十一世紀社会ではどんな仕事でもどんな人間関係でも〝話し方〟が運命以上に未来を左右するからだ。

こちらにくるはずの幸運をあちらに押し返してしまうことが、〝話し方〟にはできるのである。いくら知識や情報、能力、キャリア、コネクション、目標があっても、自分の〝話し方〟を持っていないとアイデンティティの不所持と同じことになってしまう。自分の存在を相手に認めさせる術がない。

あなたが「私はここにいます」ということを相手に感じさせ、興味を持たせ、かつ一目置かせるためには、黙して語らずは通用しないのである。

あなたがどんなミスをしても、話し方次第であなたの言い分は相手に届く。けれど話し方に対して無知でありつづけると、あなたはいつまでたってもいい訳をメソメソ、愚痴をブツブツの生活から脱出できない。

「そのくらい言ったっていいじゃない」のかわりに、「その件について話したいことがあるの。聞いてね」と言えるようになろう。

これまで言いたくて言えなかったいろいろのこと。自分だけが知っている根拠や理由を明らかにするトレーニングは、きっとデトックス効果もあるはずだ。

PART 4

感受力

ＴＶの報道番組で、ある日キャスターが最近の子どもたちは四文字熟語を知らなすぎると嘆いていた。彼は十種類の熟語を書き出し、それぞれに空欄をつくり、そこに正しい文字を入れられるかを視聴者に向かって問いかけた。

私にわかったのは一組だけ。そうか、私って最近の子ども並みなのか。そりゃあ、そうよね、覚えようとしなかったのだから、当然の結果だわ。そう、私は自分の意志で覚えるのをやめたのである。中学二年生だった。

国語の試験。ＴＶの画面と同じように空欄のある四文字熟語がいくつか出題された。私はどうしても覚えられず、従って空欄のまま。そのとき、なぜこんな文字のかたまりを暗記しなくちゃいけないの？　と大いなる不満を感じた。

四文字熟語はまるで練羊かんみたいにボッテリと重たくて退屈に思えたのである。私の嗜好《このみ》じゃないや、覚えたくない。覚えられない。そうだ、やめよう。覚えるのはやめよう。成績が悪くてもかまわない。それ以来、私は最近の子ども並みになったのである。

中学時代は感受性が強い時期だといわれる。こころの中には日々新しい感情が芽生え、気持ちはどんどん複雑化する。けれど感情表現が追いついていかないのだ。知っている言葉は少し。言いたい気持ちはたくさん。私の場合、それは四文字熟語ではなくひらがなやカタカナだった。

大人になるっていい。知っている言葉が増える。増やす努力をするからだ。とはいえ、なかなか気持ちを言葉化できない。しかし中学時代よりはマシになる。

感受性という、外界の刺激や影響を感じ取り、受け入れる能力は、手入れ次第でいつまでも成長できるのだ。感受性がこころに根づき、やがて感受力になっていく。そのプロセスにトレーニングは欠かせない。そもそも感受性というものは、多感な若者たち特有のクオリティだと思われているのだ。そして、一時的な感受性より理性を重んじるのがこれまでの社会の生活習慣である。それによって人々は楽観的現実を悲観的に考え、自分宛の幸運を遠慮して受け取らず、ひたすら耐えて生きてきてしまったのだ。感受力が身につけば、肩につばさがはえるようなものだ。社会の生活習慣や常識に縛られず、自分だけのアングルを持てる。

感じることに敏感なことは素晴らしい才能なのだ。トレーニングをして、ヒリヒリ感を快感に変えていこう。そうすれば、もっともっと自分が好きになり、自分を大切にできる。話し方で幸運をつかむ力を持てるのだ。

1 「もうおばさんだから」

「いいわよねえ、あなたはまだこれからだもの。私なんか、もうおばさんだから」と二十五歳の女が言う。「恋？　昔ばなしね。もうおばさんだから」と三十歳の女が言う。

彼女たちが本気でそう考えているとは思えない。そのひと言で相手を牽制《けんせい》したり、ときには弁解や保身用に使ったりするのだ。先に自分を「おばさん」と呼んでおけば、「そうよ、私はおばさんよ。あなたの話がわからなくても当然でしょ」と開き直った話し方ができる。

「おばさんにそんなこと言わないでよ」という視線も投げられるし、まるで万能フライパンみたいに多目的に使用できるのだ。

▼相手の心中は……

たとえあでやかな表情で、「もうおばさんだから」と冗談めかして言っても、それは非常に質の低い悪い冗談であって、自分をおとしめるひと言だ。

まず、そう言われると相手は返す言葉が見つからない。「そんな。おばさんじゃないですよ」とでも言ってほしいのかな、ととまどうだけ。

それにしても、「もうおばさんだから」と言う根拠と基準はどこにあるのかしら。自分はもう恋愛現役じゃないという意味なのか。人生についてたっぷり体験してるのよという意味なのか。なにかしらうしろめたい自覚症状があるのか。

いずれにしろ、以前は許せないと感じていたことに妥協し、自分のこころのピュア度が落ちていっていることは事実なのだろう。だからといって、「もうおばさんだから」と言いつづけると、そのフレーズを口にした量だけ〝みずみずしさ〟を失うだろう。

▼あなたの失敗のスパイラル

中には、何気なく社会の生活習慣に染まって「もうおばさんだから」が口癖となっている人もいる。ほんの少し謙遜の気持ちを込めてそう言うので、別に悪い話し方だとは思っていない。

ところがよくよく考えると、それって自分の年齢だけでなく、自分の生き方全体を侮辱していることになる。

そういう開きなおった口癖を身につけると、「ダイエットしなくちゃ」と言いつつ、「毒を食らわば皿までよ。ハハハ」とケーキを二個ペロッと平らげる。言うことと現実がズレるのだ。そこが危ない。

他のシーンでも、彼女は言うことと現実がずれる話し方をする。誰かに「もうおばさんよね」と言われたら気分を害するが、そのくせ、自分では都合のよいときに「おばさん」に扮するのだ。

その口癖からは体脂肪が蓄積される。五感のドアも窓もカチンと閉めきり、新しい風を入れようとしなかったら、感受性の代謝は衰える。こころの血である感情はサラサラと流れず、やむをえずドロドロ化していくだろう。

ステップアップするために

自分を変えられるのは、自分だ。

「もうおばさんだから」と言いそうになったら、黙る。禁煙運動みたいなものだ。そのひと言は、言う人にも聞く人にもプラス効果は何もないのである。

「もうおばさんだから」と言わなくなったら、あなたはどんな言葉を口にするかな。

感受力というのは、固定観念から自由になるための力だ。あなたが「もうおばさんだから」を愛用しているかぎり、あなたは固定観念にしばられ、表現の自由を放棄することになる。

人間って、生きていると時間と空間からさまざまな影響を受ける。社会の生活習慣にも染められ、いつか自分が自分とは思えなくなってしまうことも起こりうるのだ。口癖で話すことの危機。口癖は、かわいくなく老ける女を育てるナビゲーターと言ってもいい。

あなたはたったいまから、自分が耳にしていやだと感じたフレーズは自分は使わないぞという覚悟を決めよう。

いやなフレーズをいつか自分も使っていると気づいたら、即やめる。そこであきらめて「もうおばさんだから」はダメ。あきらめるということは見込みがないと思いきることだ。自分自身を思いきるなんて、あんまりじゃないか。

ちなみに、フランスでは「マドモアゼル」よりも「マダム」のほうが尊敬を込めて使われるという。

2 「最近の若いコってさ〜」

社会の年長組が「このごろの若いもんは〜」と言い、年長組候補生は「最近の若いコってさ〜」と言う。個人の口癖というより、世代社会の口癖だ。自分よりも年齢の数が少ない世代にやたら敵愾心《てきがいしん》を燃やすのである。

確かに、若さって素敵だ。ジェラシーに値する。しかし現実問題として、嫉妬したってどうしようもないじゃないか。人間誰もが一度は若い年齢の道を通る。とても公平にできているのだ。

「最近の若いコってさ〜」と言う人は、きっと最近の若いコが理解できないのではないかな。といって自分と同年代の人たちを理解しているわけではない。若い人たちの前だと、理解しているふりができないってことだろう。

▼相手の心中は……

世の中って人も大気も常に動いている。日々変化する。春から夏へと季節は巡る。季節の変化は気温や景色ではっきりと眼に見えるのだが、人間の変化、特にこころの動きは見えにくい。

同世代の人たちの場合は、たとえこころの動きが見えなくても思い込みでつきあったりできる。しかし世代が異なると、相手は自分の思い込みの枠に入ってくれない。堂々とはみだす。そうした若い世代の行為や発言が理解できないと、カッカして「最近の若いコってさ〜」という声になる。この声は若いコにとっては不公平に響く。

理解できないって不安なのだ。けれどそれを素直に言えないので、相手を攻撃するフレーズを口にする。その思考回路は、人間社会の長きにわたる生活習慣病の症状だ。

▼あなたの失敗のスパイラル

社会での生活会話では、なにごとも比較して話すのが習慣になっている。「今年の夏は去年より雨が少ない」「昔の子どもはいまの子どもより遊ぶ時間が多かった」「昔の映画女優はいまの女優より現実ばなれした美しさだった」などと言う。

現在と過去とを比較して、大抵が過去を持ち上げるのだ。昔は昔。いまはいま。それぞれに事情があり理由があるのだから、別に過去が絶対ってわけじゃないのに。

比較級で話す思考回路が身につくと、「最近の映画ってさ〜」と同じように、「最近の若いコってさ〜」になるのだ。

この複雑怪奇ないまの社会に、ただ立っているだけでもある程度の力が必要だってこと、過去派の人たちは理解できるかしら。

比較して批判する話し方をしていると、対立を生むだけだ。

ステップアップするために

人生観、恋愛観、価値観は世代によって異なる。育った環境で多様化する。自分と同じものを相手に期待しても、それは無理。違っていてあたりまえである。あなたは自分の価値観と違う相手に寛大になれない。というのは、相手があなたの価値観を否定していると思い込むからだ。そこで相手を批判しないではいられなくなり、「最近の若いコってさ〜」と彼らをやっつける。

世代ごとに考え方が異なるって面白いじゃないか。なぜ異論に対してそんなに感情的になるのかな。対立への恐怖心が働くのかもしれない。

若い世代の考え方と対立したら、それは対話のチャンスである。理解できないことを質問すればいいのだ。互いに考えをオープンにすることで違いがもっと明らかになるだろう。ギクシャクした対話でもいい。互いがもっと知り合いたいという気持ちを交流させる。それが目的だ。

「最近の若いコってさ〜」とネガティブにならず、「最近の若いコって何を考えているのか知りたいなあ」という発想に切り替えよう。

感受性を鍛えるには、自分の感情と親密になり、「あっ、私ったら若さにジェラシーしてる」を意識することだ。あなたにはジェラシーは悪い感情だという思い込みがあり、感じたとたんに打ち消してしまう習慣がある。

そのために感情の残り火がこころの隅にたまっていて、突然感情的になるのだ。ジェラシーであろうと憎しみであろうと、あなたが感じるものに優劣はない。自分の感情はすべて認めること。それがトレーニングだ。

年齢の若い人たちと対話をすれば、あなたの感受性は刺激を受け、きっと寛容への手がかりをつかめると思う。若い人たちのピュア度の高さに影響されよう。

3 「あなたっていつも〜なのよね」

友だちから相談を持ちかけられた。なんと答えたらいいのか困って、「あなたっていつも〜なのよね」と言う。友だちは唇を噛《か》んで黙ってしまった。

恋愛シーン。彼が仕事のことで悩んでいる。上司とうまくいかないのだ。そこでもあなたは口癖のフレーズ、「あなたっていつも〜なのよね」と言った。彼は黙った。友だちにしてもボーイフレンドにしても、あなたのひと言に傷つく。簡単に片付けられるのが不愉快なのだ。しかしあなたは自分の感情を殺して話すので、相手に感情があることさえ忘れている。

▼相手の心中は……

会話というものに関して、あなたは野心も夢も期待も持っていない。どんなシーンでもなんとなく思いついたひと言を口にしてすますのだ。話題が途切れても、原因が自分のひと言にあるとは考えないのである。

それというのも、日頃から感情を抑え込み、周囲に合わせて話すことに慣れ、全然疑問を抱いていないためだ。自己主張をコントロールすることが精神的に強くなることだと思い込んでいる。

社会の常套句《じょうとうく》や流行語を混ぜた会話が多い。「あなたっていつも～なのよね」も誰かのセリフを暗記したのだ。俗世に染まりやすいのである。実際はなんて言ったらいいのかわからなくて口癖でひょろっとごまかして喋《しゃべ》るのだが、相手にはあなたのいい加減さが我慢できない。

▼あなたの失敗のスパイラル

相手の話を表面的に聞く。そして「ああ、やっぱりこの人っていつもこういうことで悩むんだ」と確認するのが、あなたの習慣だ。確認したいがために訊くといってもいい。あなたにとっては、断定することが自信につながる。断定を裏づけるべく確認するのだ。そしてあなたはどんどん頑固になる。

自分の感情を殺しているので、感性が育たない。何ごとも理性で受けとめ、理性で断定する。この人はこういう人。あの人はああいう人。あなたは相手にレッテルを貼ったり格付けしたりして、それを自分の人間関係のデータとして温存する。

ステップアップするために

あなたは誰かとの出逢《であ》いやなにかを体験したときも、それを感じるのではなく知識や教訓にして納得するのが好きだ。

『歓びを歌にのせて』という映画がある。二〇〇四年に制作されたスウェーデンの作品だ。アカデミー外国語映画賞にもノミネートされている。ストーリーだけ書くと、タイトルと同様あまりに平凡なので、観たいという気持ちが湧いてこないと思う。けれど、試写を観た数人の高校生が号泣した映画である。

オーケストラの名指揮者ダニエル（ミカエル・ニュクビスト）は引退の決心をする。故郷に戻った彼は、ひょんなことから村の聖歌隊の指導にたずさわる。そこに集まったさまざまな人たち。彼らは全員が苦しみと悲しみを抱えていた。レナ（フリーダ・ハルグレン）という若い娘以外は全員が本音を話すことはないのだ。それって、スウェーデンの小さな村だけの問題ではないだろう。ニッポンの状況もまさに、それ。つまり、世界中が抱えている大きなテーマのひとつが会話の在り方なのだ。本音を言いたいのに言わない。本音を隠して会話するのが常識になっているのだ。本音には毒がある。だから言う側も言われる側も怖い。でもその毒を出さないと、自分のからだとこころがむしばまれていく。

『歓びを歌にのせて』は、歌うという行為と合唱のトレーニングによって、参加した人たちが本音を言えるようになり、毒を排出し、生きることの楽しさを実感するまでを描いている。

「あなたっていつも～なのよね」と似たような断定的なセリフがスクリーンにも登場する。そう、どこの国の男も女も本音が言えないのだ。あなただけが言えないのではない。だから楽観的に考えよう。断定的なひと言を口にするかわりに、「あなたにとっていちばん大切なものは、何？」「これだけは譲れないというものは、何？」と相手に質問してみる。相手は答えられずに、「うーん」と初めてそれについて考えるかもしれない。

あなたの鈍くなりつつあった感受性がゆっくりと動き出すとき、あなたも自分のいちばん大切なものに気づくだろう。

4 「男ってみんな同じだから」

会社の帰りに居酒屋へ寄って、上司の悪口をワイワイガヤガヤ。「男ってみんな同じだから」「そうそう、うるさくて石頭でやってられないわよ。なに考えてるのかぜーんぜんわかんない。ま、わかりたくもないけどね」

恋愛関係にジ・エンド。涙する女を励ます友だち。「あんな男のことなんか、忘れなさいよ」「でも……」「時間が解決するわよ」「でも……」「男ってみんな同じなんだから。女は大変よ」。なんとも暗く希望のないフレーズだ。上司の悪口とはいえ、「男ってみんな同じだから」とまで言ってしまっていいのかな。別れのショックを味わっている女に「男ってみんな同じだから」などと言ったら、ダブルパンチにはならないかな。

▼相手の心中は……

「男ってみんな同じだから」と言う女が、地上の男をみんな知っていて、みんな同じだって結論に達したわけではあるまい。

だったら一体、判断の基準は何か。自分に対して冷淡で無愛想なのが許せないってことか。としたら、単なる嫌悪感が一足飛びに「男ってみんな同じだから」までいってしまうのか。なんという飛躍だ。

そうした飛躍が会話では案外日常茶飯事なのである。「彼女ってさっぱりしてると思わない?」「思う、思う。男っぽいよね」となる。「彼っていつもひとりで夏休みを過ごすんだって」「へえぇ、女性に興味ないのかしら」となる。

一定の順序を踏まずに飛び越えて進む、飛躍法で喋っていると、乱暴で大げさで中身カラッポの話し方が身につく。自分の視点というものがないのだ。相手はそれを見抜き、あなたに打ち明け話をすることはなくなるだろう。

▼あなたの失敗のスパイラル

「女ってみんな同じだから」と言われて怒らない女はいないだろう。「ニッポン人ってみんな同じだから」とか、「東京の人ってみんな同じだから」のフレーズも耳にうれしくない。そういう表現って、愚鈍な決めつけである。だから会話を弾ませるひと言にはなりえないのだ。

愚鈍な決めつけの目的は、荒っぽい断定である。「大人ってみんな同じだから」

「政治家ってみんな同じだから」と飛躍する。

大げさな物言いや飛躍した表現は使いやすいので人気だ。順序を追ってきちんと話ができない人には便利この上ないらしい。

人間って美しくロマンティックな幻想を抱くだけでなく、わざわざ悲しい幻想を抱いたりもするようだ。「男ってみんな同じだから」の口癖はただの妄想でしかない。

ステップアップするために

〝自分の視点〟を失い、〝妄想〟を抱くあなたは「男ってみんな同じだから」とブツブツ言いながら、恋をするとたちまち初恋コースをひた走る。

相手の迷惑などかえりみず、一途《いちず》さを振りまわして一目散。そこまでがんばらなくても、相手にはあなたの恋が見えている。けれど男は、「みんな同じ」のわからずやだと思い込み、自己陶酔し相手の世話をやいたり尽くしたり。

あなたの恋愛観は、献身、犠牲、忍耐をすることで報われるという考え方だ。取り引きである。そこらへんからもう妄想の世界の住人になっているのだ。

恋愛の核は、愛だ。そして愛の本質は献身や犠牲、忍耐や奉仕ではない。理解である。相手をどのくらい理解できるかがどのくらい愛せるかを語るのだ。

相手を理解するためのツールとして言葉があり、手段として話し方がある。話し方にメロディとリズム、ハーモニーをプラスするのが感受性だ。

幸せな恋愛を育てる意志がある女なら、愛に関心を持つ女なら、話し方で幸運を射止めたい女なら、「男ってみんな同じだから」は禁句だ。

あなたは好きな相手の中に他の男たちと同じではない何かを発見し、その発見を理解するトレーニングをしよう。感受性を全開にして、彼の気持ちや立場や願望についてわかろうと努力するのだ。そのエクササイズで身についた感受力は、この先ずっと社会のどんなシーンでも役立つだろう。

ひとりの人間がひとりの人間を理解しようとする、その神聖なる決意を〝恋愛〟と呼びたい。

5 「あなたについていけない」

どういう関係にしろ、相手の考え方や生き方に賛同できず、もう関係を解除したいと望むとき、「あなたについていけない」と言う。

悲鳴をあげる寸前にこのフレーズを投げて相手を振り向かせ、真意を質《ただ》す場合もある。ときには相手から「別にこっちはついてきてくれなんて言ってないよ」と打ち返され、会話もないまま別れに至る。

たぶん、はじまりには、「あなたについていきたい」「ついていきます!」のセリフがあったのだろう。あるいは、気持ちの中でそう言ったのだ。

だから「あなたについていけない」と宣言し、従順さの返上を叫ぶのである。

▼相手の心中は……

あなたは仕事シーンでも恋愛シーンでも、「あなたについていきたい」と言える相手を常に求めている。そういう相手との出逢いこそ運命の出逢いだと信じているのだ。

あなたにとって「あなたについていけない」と言うときは、「ああ、あの人は運命の相手じゃなかったんだ」を意味する。

なぜ、あなたはそのフレーズを好むのか。

「ついていく」には、相手に忠実に従うという上下関係OKの気持ちと、どうぞ連れていってくださいというへりくだった強弱関係OKの意味あいが含まれている。

つまり、「ついていきたい」「ついていけない」のセット語には従順さが裏打ちされ、全面依存のニュアンスが漂うのだ。

そのフレーズを無意識に使用しつづけると、自立できなくなり、相手は重荷に感じるばかりだ。

▼あなたの失敗のスパイラル

あなたは自分とピッタリ合う相手とめぐり逢いさえしたら、いまの苦しい感じが消え、ラクになるだろうと思い込んでいる。

ピッタリ合う、の基準は何か。ないのだ。ただ、「ついていきたい」気持ちにさせる男があなたのスーパーヒーローになりうるのだ。

従順な女を演じながら、あなたは出逢いを待ちわびる。そしていつもピッタリ合ったと思い、しばらくしてあまりの違いにがく然とする。「あなたについていけない」のフレーズは、ただの〝ひとりよがり〟だ。

ステップアップするために

相手と歩調を合わせるために、あなたは努力してきた。我慢強くがんばりつづけた。でもついに限界だ。とはいえ、弱音は吐きたくない。そこで原因は相手にあるのだというニュアンスを込めて「あなたについていけない」と言った。

話し方を変えれば、「もうこれ以上あなたのことを理解できない」「あなたともっと会話をしたい」と言ってもいいのである。そのほうがあなたの心情により近いのではないかな。

ところがあなたは話し方を変えられない。説明するのが苦手で、質問するのが怖いのだ。あなたは自分が訊きたいことを相手から訊きだせないままズルズルとここまできてしまったのだ。

あなたは「素直になりたい」とも感じている。けれどなかなかなれない。自分の性格に欠陥があるのかもしれないと思うと、どんどん暗くなっていく。

理由はあるのだ。あなたは〝従順さ〟と〝素直さ〟の意味をごっちゃにして解釈している。従順さと素直さを示すために、「あなたについていきたい」と言い、自分のけなげさやしおらしさをアピールする。

しかし、〝従順さ〟と〝素直さ〟はまるっきり異なるものだ。〝従順さ〟は他人に逆らわないこと。片や〝素直さ〟は自分に逆らわないことである。

あなたは相手に逆らわないようにと自分の感情を抑え、従順さを貫こうとするが、自分のこころの声にも逆らうことができない。素直さを捨てられないのだ。

しかし自分が〝従順さ〟と〝素直さ〟の間《はざま》で引き裂かれているのだとは考えず、人間関係の虚《むな》しさを嘆いたり、自分の運命のツキの悪さを呪ったりする。

「あなたについていきたい」ではなく、「あなたと生きたい」「一緒に旅したい」というフレーズで自分の気持ちを表そう。対等な関係の話し方を選べば、〝従順さ〟は用がなくなる。そのとき、あなたの感受性はあなたの〝素直さ〟のバックアップのために動き出すだろう。従順さにさよならするのも、素直さに陽ざしを当てるのも、すべてトレーニングだ。

6 「大人になりなさいよ」

「なんであの人あんな高飛車な言い方するのよ。こっちにも言い分があるのに。頭にきた。喧嘩《けんか》してやる！」「まあまあ、そんなに怒らないで。大人になりなさいよ」とカッカする相手をなだめて、あなたは言う。

年齢には関係なく、相手が二十歳でも五十歳でも、不満が飽和状態になっている相手に向かって「大人になりなさいよ」と声をかける人は多い。

「大人」という意味が曖昧《あいまい》だ。一人前に成人した人を指すのだろうが、その「一人前」という意味もなんだかはっきりしない。歯をむき出して騒いだりせず、沈着でおだやかなのが「大人」なのかな。要するに、「静かに」の代用として、分別のあるところを表す口癖が「大人になりなさいよ」なのだ。

▼相手の心中は……

「許せない！」とカンカンに怒っている相手をなだめる。その行為って、いかにもこころ優しい気配りアクションみたいだけど、それを意識してやったり言ったりしているとしたら、鼻持ちならないと思う。相手には相手の理由がある。その点には触れず、頭っから理由を無視して、「大人になりなさいよ」と説得にかかる。「ま、世の中ってそんなものよ。あきらめてじっとしてなさいって。じゃないと損するから」とほぼ内容は同じだろう。

なにかにつけて「大人になりなさいよ」は手っ取り早いなだめ語だ。しかしそれでは相手の怒りはおさまらないのではないかな。

▼あなたの失敗のスパイラル

周囲の、怒っている人、くやしがっている人をたしなめる。なぐさめる。ものごとが荒立たないように「大人になりなさいよ」を発していると、余波を受けて、自分の感受性が正確に始動しなくなる。

自分自身が何かをキャッチしても、自分の五感や感情を即座にたしなめ、聞かなかったことにしよう、見なかったことにしようという習慣が身についているので、キャッチしたものを感じたり味わったりすることができないのだ。

理屈で考え、常識で判断し、モラルで選別する。その思考回路と話し方は常に、波風を起こさないことを願う。

「大人になりなさいよ」と相手に妥協を奨《すす》めているうちに自分も妥協カラーにじっとりと染まっていく。

ステップアップするために

あなたはそのフレーズを誰かに言われて覚えたのか。根拠が希薄で無責任なひと言である。そういうひと言と親しくしていると、人間関係にしろ、単なる会話にしろ、対立しかかるとすぐに妥協点を捜す癖がつく。

「いやいやいや。そういう意味で言ったわけじゃありません。失礼しました」などと譲る。「おっしゃる通りですね。ハハハ」と意味なく同意して、あとは作り笑いでまとめる。「そうですねえ。最近の世の中はよくわからなくて」とときにはまったく考えてもいないセリフがポンと飛び出し、自分でもびっくり。かなりの重症になっているのだ。

〝妥協〟がすべて悪いわけではない。妥協によって解決しなければならない場合もある。が、自分の感情や感覚が納得しないまま相手の条件を呑《の》み、無理やり大人になろうとするのはよくない。あなたのこころに傷がつく。

こころの傷を放ったらかしにして、「大人にならなくちゃ」を繰り返せば、あなたの感受性の機能はさらにマイナスへ向かう。車の運転と同じく、社会で生きるには譲り合う気持ちがないと事故や渋滞につながる。だからって、車の運転をしながら「大人にならなくちゃ」と大人気取りで譲るドライバーはいないと思う。

現実を見据えて、自分の行動を選ぶ。現実を見据えるということは、現実を吸収しちゃうことでもある。じっと見つめて、見定めて、吸収しちゃう。

大人になるということは、たくさんの現実に出逢い、見据えるチャンスを得て、そのひとつひとつを吸収しちゃうプロセスがあって成立するのだ。

カッカしたりくやしがったりするごとに、こころはさまざまな感情を体験する。大人へのステップ。それは、とにかく出逢いをせっせと栄養にし、自分の感情の幅を拡げていくことだ。社会というジムで、あらゆるメニューと直面することがそのトレーニングになるだろう。

7 「余裕ですね」

「今回の旅行はアメリカからヨーロッパを廻って帰ってこようと思ってるの」と話す知人に「余裕ですね」と相づちを打つようにひと言。

「遠距離恋愛をしてるんだけど、スリルがあってかえって楽しいわよ」とニコニコ顔の友だちに「余裕ねえ」とひと言。

一瞬、なんと言っていいかわからず困ったと感じるとあなたは反射的に「余裕ですね」のフレーズを口にする。

実際にそう感じているわけではない。うっすらと相手の機嫌をとってそう言うのだ。わざとらしいのである。そのくせどこかに、皮肉スパイスも入っていて、なかなか屈折した口癖なのだ。

▼相手の心中は……

長旅をする知人に、「うわっ、ゴージャス。私もそんな旅してみたい！」と感じたことを言葉にすれば、相手はさらに細かく旅の中身について話してくれるだろう。

遠距離恋愛中の友だちに「遠距離恋愛のスリルってどういうこと？」と訊けば、彼女の体験談から新鮮な情報が聞けるかもしれない。

けれど「余裕ですね」のひと言で会話はプスッとしぼんでしまう。「あなたには生活にもこころにも余裕がある。でも私には話を聞く余裕すらありません」という気持ちが相手にわかってしまうからだ。

せっかくの話題を、会話の材料にできるかできないかは、会話をする二人の感受性にかかっている。感じたことを言葉にしないで、理性でまとめあげ、筋道をつけて組み立てて話す癖の人は、「余裕ですね」というたびにせっかくの会話を台無しにしてしまう。

▼あなたの失敗のスパイラル

こころが何かに束縛されていると、「わっ、きれい！」「美味しい！」と正直に自分の感想を言葉にすることができない。そう感じても声に出して言えないのだ。周囲の耳や眼を気にして、率直な話し方をひかえるのである。

「余裕ですね」のフレーズに率直さは感じられない。どちらかというとへりくだったニュアンスを伝える。お世辞っぽさが漂う。

たとえばTVのリポーターが政治家や芸能人にインタビューしたときにもそのフレーズがよく登場する。相手が質問をはぐらかして「さあ、どうなるんでしょうねえ」と逃げると、「という余裕の答えでした」とか「余裕ですね」といって締めくくることが多い。かなりいい加減な使い方だ。迎合しようとする姿勢もうかがえる。

ステップアップするために

余裕というものは、自分の中に意識するものであって、他人の中の余裕など想像はできないし、しなくていいと考えよう。

おそらくあなたは、自分自身の毎日に余裕を求めているのだ。仕事をして、残りの時間を生活にあてるともういっぱいで、最近ちょっと疲れ気味。体力も心力もミネラル不足でイライラ。余裕ありげの人たちが羨ましい。なんだか自分って可哀《かわい》そうだな、みじめだなと時々ふっと寂しくなる。仕事でミスをしたときは、真っすぐ奈落の底へ直行する気分だ。

あなたへ提案したい。「余裕ですね」なんて社交辞令の口癖とはもうつきあわないこと。そして自分の中に余裕を創りだしていく努力をしよう。好きに使える時間がないのなら、使える時間を好きになればいいじゃないか。テーブルの上に花を一輪飾ってみる。睡眠タイムを大切にして、おしゃれパジャマでくつろぐ。歩いているときは空の青さに眼を注ぐ。話し方のトレーニングのつもりで周囲の人たちの話し方に耳を傾ける。自分の話し方をチェックする。

別に習いごとをしなくても、余暇がとれなくても、あなたの気持ち次第であなたは二十四時間の中に余裕を発見できるはずだ。

一日一日に追われていると考えないで、いまできることを精一杯やっているんだと考えよう。余裕が気体なら、時間にゆとりがなくても、空間で感じることが可能なのだ。

忙しさと忙しさの間で、青空の目薬を注《さ》す余裕を身につけよう。それを手伝うのが感受性の知恵だ。トレーニングをすれば、大丈夫。あなたの話し方が余裕を創りだし、その余裕があなたの話し方を変えるだろう。

あなたの毎日の代謝がよくなれば、自然に感受力のクオリティも高まるのだ。

8 「せつないなあ」

友だちと二人でミュージカルを観た帰り道。「かなりよかったんじゃない?」「うん、でもラストシーンがせつないなあ」という会話を交わす。

夕食のテーブルで、「今年もじきにおしまい。あっという間だった……」「うん、なんだかせつないなあ」と、また「せつないなあ」が出る。二人の共通語であり、口癖でもある。

「せつないなあ」は、「悲しいなあ」「寂しいなあ」という意味だ。こころの痛みを表現するときに使う。

「悲しいなあ」と言うより、「せつないなあ」のほうがロマンティックな響きがあるのか、二人は何かというと「せつないなあ」で意気投合するのだ。

▼相手の心中は……

「せつないなあ」を口癖にしていると、当然のことのように、「恋愛ってせつないものよね」になる。

恋をする前に、あるいは恋愛進行中で「恋はせつないもの」と思い込むのはなんとも危険である。そういう先入観を持って接せられると、相手にとってもつらい。せっかくの出逢いがどんどん暗闇坂をころげ落ちていくストーリーになりかねない。「せつないなあ」のフレーズを忘れよう。未知の幸せを捜すために話し方の未開地を開拓していくのだ。使い古された口癖は荷物になる。気前よく捨てよう。

なぜ恋愛がつづかないのか。「せつないなあ」のフレーズが犯人だとは言わないが、99％は話し方にあると思う。

ちょっとした言葉の遣い方、言いまわし、口癖などで二人のこころがブレる。「せつないなあ」のひと言は、二人のこころの新芽を摘んでしまったりもするのだ。

▼あなたの失敗のスパイラル

センチメンタルなムードに酔って、「せつないなあ」とつぶやく。それはトレンチコートの衿《えり》を立てて秋雨に濡れながら歩く心地かもしれない。けれど雨に濡れてばかりいると風邪をひく。風邪から肺炎にもなる。

「生きることって、せつないなあ」という考え方と話し方の生活習慣から身につくものは〝感傷〟だ。

何かにつけて、悲しく感じ、こころを痛める。感受性の持つ許容量を、感傷性は持っていない。

こころに入ってくるものを受けとめられず、傷ついてボロボロになるのだ。そして傷ついた自分を憐れむ。「せつないなあ」のひと言があれば、その口癖で自分を納得させられるのだ。悪循環である。

ステップアップするために

二〇〇一年に公開されたアメリカ映画に『モンスターズ・インク』というアニメーション作品がある。

舞台はモンスターシティ。もちろん架空の街だ。そこには巨大なる組織モンスターズ株式会社《インク》がある。会社の資源になるのは、人間の子どもたちだ。

モンスターたちは夜な夜な人間の子ども部屋のクローゼットに忍び込み、スヤスヤ眠る子どもたちを脅かしては悲鳴を上げさせる。

その叫び声が発する熱量をボンベに詰め、悲鳴産業が成り立っているのだ。

今月の実績トップは誰か、と常にランキングされ、モンスターたちの競争意識は地球の企業並み。

社内ナンバーワンの怖がらせ屋は、サリー。相棒マイクとエクササイズを積み、恐怖の表情づくりや演技力レッスンに余念がない。

そこに事件だ。

なんと、人間界から二歳の女の子ブーがモンスターシティに迷い込んできたのである。ブーはサリーとマイクを怖がるどころか、彼らを慕って追いかける。ブーの無邪気でキュートな様子にサリーはすっかり魅せられてしまう。悲鳴産業の稼ぎ手サリーが会社を敵にまわして、一大決心をする。

そして凄《すご》い発見があった。ブーが笑うと悲鳴の十倍のエネルギーが出ることがわかったのだ。悲鳴産業は笑い声産業に切り替えられ、モンスターズ・インクと子どもたちは共存共栄していくことになった。

『モンスターズ・インク』を観て、私がいちばん興奮したのは、モンスターズ・インクの仕事の流通システムだ。彼らの脅かしによるエネルギー集めこそ、これまでの地球の大人たちのやり方そのものだと思えたからだ。

別にせつないと感じていないときでも、ついあなたは「せつないなあ」と言う。それによってあなたはせつない気持ちになる。これまでそんなふうに「せつないなあ」のフレーズとつきあってきたのなら、「楽しいなあ」のフレーズに切り替えればいいのだ。「楽しいなあ」が発するエネルギーは、きっと「せつないなあ」の百倍以上。いや、もっとかもしれない。

PART 5

反応力

この六月、ロンドンでスリに遭った。夕方のラッシュアワーの地下鉄の中。四泊六日の旅で、着いて三日目。用心する気持ちがほとんどゼロに近い状態のとき、私の新品の財布はサヨナラも言わずに誰かと一緒に消えてしまった。

気がついたのは夜だ。大ショックである。クレジットカード二枚と車の運転免許証、ポンドと円の紙幣が入っていた。東京の友だちへ電話をしよう。ホテルでひとり、まず何から始めたらいいのかを考えた。東京の友だちへ電話をしよう。カードを止める手続きをしてもらわなくちゃ。

それが済むとホッとして、あとは明日のことだと、すぐにぐっすり眠った。

ま、それからいろいろなプロセスを踏み、初体験ずくめで無事ニッポンへ。帰国してから感じたことは、ああ、私が不幸になった分、幸せになった人が確実にひとりは存在したということだ。手を入れやすい大きなバッグを無防備に肩に引っかけ、ぼーっとしてた私は、まさに鴨がネギをしょってるように見えただろう。

きれいなボルドー色の財布がいささか未練で、デパートへ行ってみたら、最後のひとつが残っていた。私はスリとお揃いのそれを再度購入した。

不幸と幸せの構図を考えると、いまもクスッと笑いたくなる。それは私が寛容というわけではなく、話し方トレーニングで身につけた反応力のおかげだと思う。

とにかくやってきたものはどれも必然なのだ。それを「ツイてないなあ」と落ち込んだり、反省で対処しても面白くないじゃないか。そんな理性は無視するにかぎる。時間はもとにはもどりっこないのだから。それより、こころとからだが反応することを味わい楽しむのである。理性を無視すると、気持ちが解放され自由な発想が生まれるのだ。スリだって商売である。困った困ったの毎日からそういう仕事が思い浮かんだにちがいない。スリル感がクセになり生活習慣に至ったのかもしれないな。とあれこれ想像するとクスッなのだ。

行動と反応。行動は積極的で何かを仕掛けること。一方、反応はアクションに対して受身であり二次的な動きだとして扱われる。

しかし、アクションとリアクションはセットで考えたほうがいい。

話し方の場合でも、そう。「私の見方は違う」とか「いいえ、私は賛成できない」は反応なのだ。相手を否定しているわけではないのである。けれど誤解されることを恐れて、なかなかリアクションを言葉で示さない。その習慣も話し方にとってマイナスだ。反応に表れる個性差。それが会話のスパイスになるのだから。

1 「わかる、わかる」

仕事の同僚から人間関係のことで相談された。深刻そう。口調が重い。けれどあなたは相手の雨雲を払いのけるように「わかる、わかる」とさかんにうなずく。相手はしらけた表情になり、「もういいわ」と不愉快さを露《あらわ》にして退場した。

男友だちとワインバーでちょっと一息。彼は照れながら昇進したことを明かす。「自分でもびっくりだったよ」と彼。「わかる、わかる」とあなた。「わかるって?」と彼。「要するに、びっくりしたんでしょ?」とごまかして乾杯へ。しかしなんとなく気まずいムードが。

「わかる、わかる」は口癖になりやすい。相づち言葉として便利だからだ。わかっていない人がよく使う。

▼相手の心中は……

共感できない話題や自分には理解しがたい話題でも、あなたは「わかる、わかる」とわかったフリをする。さらにあなたには相手の話を最後まできちんと聞かないという癖がある。ただ表面上は調子よく元気な声で「わかる、わかる」と言う。深く聞きもしないでわかるはずがないのに、会話はスピードと軽さが大切だと思い込み、「なになに？　おつきあいだから聞いてあげるわよ」と無責任なノリで、「わかる、わかる」を連発するのだ。

言葉にはこころが表れる。「わかる、わかる」の誠意のなさが相手にはすぐ伝わるのに、本人は気がつかない。

▼あなたの失敗のスパイラル

「わかる、わかる」が口癖の人は、「わからない」と言うのが嫌いなのだ。「ごめん、そういう話題って苦手なの」とか、「うーん、私にはわからないなあ。いい加減なこと言えないもん」と正直に答えられないのである。

褒められると、「イヤ、イヤ、イヤ」とうれしそうに否定したり、何か頼むと「ハイ、ハイ、ハイ」とすばやく期待に応《こた》えようとする。

相手の話の全容を聞く習慣がないので、真剣に話しかけた側はひどく傷つく。あなたの信用はガタ落ちだ。

あなたは「わかる、わかる」のフレーズは社会のさまざまなシーンに対処するときの通行証になると思い込んでいる。そう言っておけば、相手の気分を害さずにすむだろう。それはただの半可通だ。よく知らないのに知ったフリをする。わからないのにわかったフリをする。本人だってつらいにちがいない。

ステップアップするために

もしかしたら子どもの頃、学校の成績がよくてそういう口癖がついたのかな。あなたは常に「わかる」自分でいたい。誰かからバカにされるなんてまっぴらだ。頭が悪いと思われたくないのである。

社会に出ると、先生はいないし試験もない。けれどハキハキ口調の速度だけが残る。グズグズしててはダメと思い込んでいるので、とにかくものわかりよくスベスベと話す。でもそれではすぐに限界がくる。感性の代謝が滞ると、からだとこころの弾力が欠乏し反応力はやる気を失くすのだ。

感性って、各駅停車の列車のようにゆっくりと地道にコトコト進みながら育っていく。まだるっこいけど、各駅停車が必要なのだ。そのプロセスを感情と感覚が体験することで知性エネルギーが生まれるのである。感性抜きの知性などありえない。

知性は、ものごとを知り、考えたり判断したりする能力だ。あなたの「わかる、わかる」は知性ではない。肯定でも反応でもない。単なる口癖なのだ。

相手の話を最後まで聞くレッスンを始めよう。ちょっとだけ聞いてすべてを想像する聡明な女を演じていると、通俗的なストーリーをでっちあげるスキルばかり身につく。

あなたには傲慢《ごうまん》なアングルがあり、社会で起こるべきできごとや人の心理状態に対して、「仕事なんてそんなもの」「恋愛なんてそんなもの」と決めてかかるのだ。それでは現実が退屈でたまらなくなるだろう。

現実に対処することにやっきになっていると、現実の細部を見落とし聞き落とす。これからは対処することより現実全体に関心を持ってみたらどうかしら。対処できない自分を未熟で恥ずかしいと感じるのは間違いだ。あなたの未熟さは、あなたの可能性である。

2 「ホントですか？」

ブランド品を扱っているブティック。「あら、このバッグ素敵！　こういうのを捜してたのよォ」と客。「ホントですか？」と店員。初めてのデート。「先週、中国へ出張で行ったんだ」と彼。「ホントですか？」と彼女。オフィスで、「君、この書類の数字、間違ってるよ」と上司。「えっ、ホントですか？」と部下。「ホントにきまってるだろ。なんだ、その言葉遣いは！」と上司。

毎日、街のどこかで「ホントですか？」のフレーズが発せられている。相づちとして使っているのだ。おそらく他になんと言っていいかわからないのだろう。上司に怒鳴られても、場面が変われば、また「ホントですか？」と言ってしまう。

▼相手の心中は……

女たちだけが常用しているわけではない。けれど女の場合、音色や音程、音量などがほぼ似通っていて、まるで「ホントですか人形」みたいな印象を相手に与える。

美肌づくりやメイクに時間を使い、せっかく流行の服をおしゃれに着こなしても、ひと言でイメージダウンだ。そのことに本人は気づいているのかな。「ホントですか?」を言わなかったら、かわりになんと言ったらいいのか、自分で考えてみよう。

▼あなたの失敗のスパイラル

「ホントですか?」のフレーズには、軽い驚き、疑い、抗議のニュアンスがある。「まさか」という意味あいも込められている。

ブティックの店員が客に向かって言うのは失礼だ。「ウッソー」より丁寧だと思ってか、デートの相手に「ホントですか?」と相づちを打つ。それでは会話は弾まない。上司に念を押すつもりで、「ホントですか?」と対応する。それもまた、自分の立場の自覚が足りない言葉だ。

「ホントですか?」はリアクションを丁寧に表すフレーズではなく、従って礼儀正しくない。聞く側に美しい響きを残さないのである。「ホントですか?」をもっと崩したのが「マジで?」だ。仲間うちで、ひんぱんに使われている。

相手の発言や決定、行為などに対して、びっくりした感情や言い分を「ホントですか?」や「マジで?」に代弁させているのかもしれない。つまり、感情を隠して使うのだ。口癖がなぜ繁栄するかといえば、感情表現をしないですむからである。口癖は〝取りあえず語〟なのだ。そして「ホントですか?」の口癖はからまわりしているだけで進展がない。

ステップアップするために

考えることなく口先だけで話していると、あなたは秩序だてて話すことがどんどん苦手になるだろう。その結果、喜怒哀楽のみならず、不満や疑問や苦情などを表現したいときも言葉に詰まる。思いだけが胸の中でグッグッと熱くたぎっていて、とてもつらいにちがいない。

まず、「ホントですか?」と言う自分を意識してみよう。毎日、誰に向かってもそのフレーズを口にしていることに気づくと、少しはハッとすると思う。感情を隠すことが原因だと指摘されても、きっとピンとこないだろう。「ホントですか?」のかわりになんと言ったらいいのかについても、全然思いつかないはずだ。

あなたは感情を隠して喋《しゃべ》る。ということは反応も隠して喋っているのだ。感情を言葉にしてはまずいと意識した時点で、反応も抑制する。だから相手の言葉に対して何も言えなくなるのだ。言えないのに言おうとすると、口癖しか浮かんでこない。

実際に、いまのあなたは「ホントですか人形」化しつつあるのだ。人間らしさを取り戻すために、まず、喜怒哀楽の感情を自覚しよう。感情は人間らしさそのものである。あなたが相手に対して感じるもろもろの感情は、あなたにとって正しいのだ。こんなことを感じてはいけないと抑え込まないように。最初はただ感じること。それがトレーニングの順序だ。

感情を言葉にしていいのだという新習慣のスタートである。焦らないで、時々深呼吸して、感情細胞の眠りを覚まそう。

3　「あなたって、意外に○○なのね」

恋びと同士の会話。「さっきのああいう言い方やめてくれよ。オレ、好きじゃないんだ」と彼。「フーン、あなたって意外にデリケートなのね」とあなた。とたんに彼の表情が険悪になる。

その会話を境に、二人はついに右と左へ別れてしまった。「意外に○○だね」というフレーズは男も女も使う。しかしそう言われた女の側は男ほど傷つかない。「私のこと、全然わかってないんだから」で、おしまいだ。ところが、その言い方もまた不快なのだと男は言う。

男と女の対話ってそれぞれに思い描くことが異なるので、予知できないところからコミュニケーションの誤解が生じやすい。

▼相手の心中は……

恋びと関係の二人の会話って、案外難しいものだ。互いにわかっているつもりで、実は何もわかっていなかったりする。本当は、友だちにする以上に深く話し合い、想像力をフル回転させればいいのかもしれないが、どうしても言葉数が少なくなりムードに寄りかかってしまいがち。男も女も、言わなくても相手が察してくれているだろうと期待する。親しいがゆえの甘えがあり、わがままが出る。

「あなたって、意外に○○なのね」のフレーズで男がショックを受けるのは、相手に理解されてないと落胆したからだ。自分が伝えようとしなかった不備は棚に上げて彼はしょげる。そして、すねる。

▼あなたの失敗のスパイラル

彼とのハーモニーにひびが入っても、それはまだ致命傷ではない。むしろ会話のクオリティを高めるチャンスにしよう。彼は気持ちを言葉にするのが苦手だから、以心伝心だと思いたいし、あらゆる状況を察知してくれと望む。

しかし恋びとは母親ではない。察し合うのではなく話し合わなければ、関係は進展しないのだ。関係の進展というのは、献身、犠牲、奉仕ではない関係を深めることである。からだとこころで深いレベルまで理解し合うことをめざそう。

彼がすねたら、ちゃかさないで「意外性って、新鮮でステキなことよ」と説明し口説く。そう、恋びとと関係って、しょっちゅう口説き合うことが大切だ。

ステップアップするために

恋愛感情を持つ二人の会話がギクシャクするのは、いつの時代のどこの国でも同じだ。

アメリカ映画『エターナル・サンシャイン』は、会話下手の男と女が出逢《であ》い、互いに好きになるというラブストーリーではあるが、テーマの追い方やピントの当て方が、これまでのものとはまったく違っていて、素晴らしい。

誰もがいい加減にごまかしてしまいたくなる恋愛初期の段階に、監督はカメラを向ける。そこを主人公たちがどうやってクリアするか。新機軸の演出だ。

ジョエル（ジム・キャリー）は恋びとのクレメンタイン（ケイト・ウインスレット）と喧嘩《けんか》が絶えない。とうとうさよならだ。クレメンタインは彼との記憶を消すために手術を受ける。それを聞いたジョエルは逆上。自分だって彼女のことをすべて忘れてやると意気込み、手術台へ。けれど、どんな最新技術を使っても、結局のところ、ハートはハート。過去を消し去ることは無理だった。二人は再会する。で、また揉《も》める。また喧嘩だ。本心を言えないまま、相手を傷つけようとしてもがく。「そうよ、私はイカれた女よ。安らぎに飢えてるの」とクレメンタイン。「ＯＫ」

とジョエル。彼女はたじろぐ。自分が彼に受け入れられたことに、瞬間あわてたのだ。彼も「ＯＫ」と言えた自分に驚く。

すると彼女の口からも「ＯＫ」とポロリ。二人は微笑み合う。彼らは自分の本心に同意したのだ。

好きな相手との意思の疎通は誰にとっても難題である。だからってあきらめないで、実験してみよう。相手を理解し、理解される気持ちよさを味わおう。

恋びとたちの会話が行き詰まるのには理由がある。彼ら二人が話し方について努力や工夫をしないからだ。話し方のトレーニングを積めば、互いの反応力で恋愛の未来を変えることができると思う。

4 「元気をもらいました」

講演会やスポーツ観戦の帰り道。面白かったとか感動したと言うかわりに「元気をもらいました」と言う。「勇気をもらいました」「パワーをもらいました」とも言う。へりくだった物言いが習慣になっているニッポン人が、なんの迷いも疑問もなく口にするフレーズだ。

他人を敬って自分を卑下する態度。それが美徳扱いされてから、どのくらいの年月がたっているのかしら。相手を立てて、へつらう。気に入られようとして優等生的に振る舞い、ペコペコする姿勢。「元気をもらいました」のフレーズには、どこか媚《こ》びたニュアンスが感じられてならない。

▼相手の心中は……

「元気をもらいました」と言えば、講演の内容については触れずにすむ。もらうというのは、他人が何らかの行為をすることによって、こちらが利益を受けることだ。行為への感謝はマナーとして自然かもしれない。しかし、そのひと言では、相手に何も印象を語っていないのだ。つまり、自分自身の印象も残せない。

元気はもらうものではない。自分の元気は自分の中に住んでいるのだ。何かに刺激されることや影響されることはあるが、他人から分配されるものではないだろう。

「元気をもらいました」では、自分の元気に対して失礼ではないかな。

へりくだることが尊いとされる社会では、自己主張は育たないのだ。反対に、自己主張や主体性を重んじる社会では、他人にへつらうのは下心がある場合だけだ。

このフレーズには〝プライド〟が欠如している。

▼あなたの失敗のスパイラル

「元気をもらいました」のフレーズには感想や反応が込められていない。つまり、感想を言わずにすむから便利なのだ。周囲の人たちが口々に「元気をもらいました」と言うので自分も合わせる。具体的にどんな元気なのかは誰も訊《き》かない。本心を隠せるのだ。識者気取りで、いい人ぶって、何を聞いても、何を見ても、「元気をもらいました」と毎回ワンパターン。ぼかして逃げるのだ。

反応しないで口先だけで話していると、次第にこころは無精になり反応をさぼりだす。やがて「あの講演のテーマに共感しました」「あの試合の○○選手の集中力は見事だったなあ」という簡単な感想を言葉化するのさえおっくうになるだろう。保身用フレーズの常連になっていないだろうか。

ステップアップするために

自分自身の内なる元気や勇気を無視して、元気や勇気を他人からもらい、感謝する。ではあなた自身の元気はどうなるのか。自分は大したものじゃないと謙遜して、自分の元気も過小評価して、一体あなたの〝私〟はどこに存在理由を求めればいいのかな。

相手を立て、相手が気を悪くしないようにと自分を卑下し、自分の気が悪くなるのを耐える。それが謙虚さだとしたら、もう謙虚さなど無用の長物じゃないか。

あなたは、「私はこう感じる」「こう考える」「こう思う」についてもっともっと詳しくなる必要があるのに、謙遜しながらではそれは無理だ。周囲を気にしつつ、自分の能力を加減してしまう。

反応する力は、謙虚さから解放されて初めて芽生えるのだ。そのためにも、あなたは謙虚さ崇拝と手を切ろう。ニッポン人の謙虚さへのこだわりは、自分が謙虚であるかだけでなく相手が謙虚かどうかにまで及び、もう強迫観念に近い。

本心では、それほど他人を崇《あが》める気持ちはないくせに、形式上はへりくだる。本心と形式のギャップが、あなたの〝私〟をいつまでも子どもっぽいままにしておくのだ。

本当の謙虚さとは、むやみにへりくだることではなく、自分の現在をきちんと認識することだと思う。

あなたは、自分の存在を社会や他人に認められたいと望む。自分の仕事に対しても認めてほしい。そういう願いを持っているにもかかわらず、わざわざ目立たないように行動し、カメレオンのごとく周囲に合わせ保護色で外敵から身を守る努力をする。話し方も周囲と同じフレーズを使う。

それでは、誰もあなたを認めない。いつまでたっても認めない。認められるためには、トレーニングあるのみだ。

あなたはあなたの反応力を回復させよう。素直さとピュア度の蘇生エクササイズだ。気配りや遠慮をやめる。周囲の反応を無視して、今度こそ、自分自身の反応を尊重するのだ。「私はここにいます」「私は元気です」「私は勇気とパワーを持っています」のフレーズを暗記しよう。言葉はあなたの分身だ。

5 「私たち、これからどうなるの？」

彼とあなたの関係が暗礁にのりあげている。逢っていても楽しくない。会話をすればすぐにぶつかる。つきあいはじめて二年。あなたは別れることは考えていない。ある日、あなたは思いきって彼に訊く。「私たち、これからどうなるの？」するとと彼は、「さあね、なんとも言えないね」と答えた。その言葉に、あなたは黙る。不安が過《よぎ》る。あなたは彼との結婚をイメージしているのだ。恋びと関係から次の段階へ進みたいと思う。

「私たち、これからどうなるの？」のフレーズを口にしてから、彼のドタキャンが多くなった。

▼相手の心中は……

あなたの本音は「あなたは私と結婚する気があるの？　ないの？」だ。そう訊きたかった。でも訊けなかった。なぜ？　嫌な女だと思われたくなかったからだ。

しかし結果は同じことだ。彼にはあなたの本音が伝わっている。「私たち、これからどうなるの？」という問いかけは対等ではなく、相手に責任を押しつけるニュアンスがちらり。ハイジャックされた飛行機に乗っている二人なら、そのセリフは適切だが、恋愛中の二人の間ではちょっと古風だ。

彼はあなたの意図をキャッチして、距離を置こうとするだろう。そのひと言であなたが失うものはあまりに大きい。

▼あなたの失敗のスパイラル

恋愛中の力関係は対等でありたい。それには話し方のズルは反則だ。これからのことが不安なら、「私たち、これからどうする？」と訊けばいい。パイロットは二人なのだ。

「君は？」と訊かれて、「結婚したい」とあなたは答える。「オレはまだしたくない」と彼。「まだって、時期のこと？　相手のこと？」とあなた。「どっちもだね」と彼。

そこであなたは自分ひとりで考える。彼とつきあっても、結婚の可能性はあるかないかわからない。それで納得するならつきあうし、嫌なら視界を新しく拡げればいいのだ。

恋愛は二人旅だ。ある時点で、それぞれの行く手がズレてきたら、プランを変えよう。それが自立した恋びと同士の対応であり反応だ。「私たち、これからどうなるの？」の相手の反応待ちのフレーズは焦りを募らせるだけである。

ステップアップするために

恋愛関係を、結婚の序曲だと思い込んでいると必ず現実でつまずく。もっと恋愛関係を楽しむ発想を持とう。

ひとりの男と女が出逢って、見つめあい、接近する。あなたの感情は「好き」「もっと好きになれそう」「よくわからない」「嫌い」「大っ嫌い」「恋？」などのありとあらゆる音色を奏でる。

社会というジムの中でも、恋愛タイムはからだとこころの反応力を鍛える最強トレーニングコースだ。

自分の話し方や聞き方がいかに未熟かを知るのも、恋愛中だ。自然な話し方を望みながら、実際は人工的な話し方になってしまったり。素直に話そうと決意したのに、反対のことを喋ったり。そこで自己分析などしてはいけない。自己分析をする行為からして自分への弁解であり防衛である。そんなことをしたらどんどん悲観的になる。自責の念にかられたりもする。

恋愛は戦争やゲームではない。ギャンブルでもない。地上でいちばんユニークで、楽しくてたまらない関係であるはずだ。

しかしそのわりに、その歓《よろこ》びを満喫している男と女は少ない。たぶん、反応し合うという発想を持っていないからだろう。

恋愛の刺激に反応する。その変化や活動をもっともっと五感で味わおう。分析したり理論化したりせず、反応し合う。相互作用を分かち合う。その反応を言葉で表現したら、二人の関係はさらに多彩な化学変化を起こすにちがいない。

「男と女なんてこんなものさ」「人生なんてこの程度よ」とあきらめていたら何も変わらない。あきらめるというのは、反応ではないのだ。理屈にすぎない。

反応力を信じよう。反応力はあなたの潜在能力である。いまはまだこれだっという手応えはないかもしれない。けれどあなたのからだとこころには反応力が内在しているのだ。彼らは間違いなく、あなたの幸運のナビゲーターになれる。

6 「あなたは恵まれてるからねぇ」

「来年、イギリスへ留学してテキスタイルを勉強するつもりなの」と語る友だちに、「あなたは恵まれてるからねぇ」というフレーズをあなたは返した。

「雨が降ったら、夫が駅まで迎えにきてくれることになっているのよ」と残業する同僚に対しても「あなたは恵まれてるからねぇ」とあなたはつぶやく。

なにかにつけて「あなたは恵まれてるからねぇ」が、あなたの口癖だ。自分は恵まれていないということを言いたいのだろう。恵まれていない自分には幸せになるチャンスがないという意味も含まれている。それを大義名分にして、現状維持を決め込むのだ。

▼相手の心中は……

他人の持ち物や身の上が自分より恵まれているように思えて、自分もそうなりたいがそうなれない。そこで妬ましさを感じ、羨む気持ちが歪《ゆが》み、「あなたは恵まれてるからねぇ」になる。

「私だってあなたのように恵まれていたら、そうなれるはずよ」という反感が漂う。相手のやる気や人間関係へのジェラシーもあるのだ。もちろん相手はあなたのジェラシーに気づく。

ちょっと被害妄想っぽい。恵まれていない自分を売りものにするフレーズは聞き苦しく、そのひと言で、あなたの品位は下がる。

▼あなたの失敗のスパイラル

品位というのは、こころの高さである。話し方の態度、動作、表現、口調などから匂うものだ。

「あなたは恵まれてるからねぇ」のフレーズが品位に欠けるのは、客観性がない点だ。相手と自分の立場をごっちゃにしている。わきまえがなくなれなれしい。

相手には相手の事情や境遇や計画や生き方があり、あなたにはあなたの事情や境遇がある。その違いを想像し、感じ分けること。客観性があればできるだろう。

「あなたは恵まれてるからねぇ」を口にしているうちに、いつのまにか〝自己憐《れん》憫《びん》〟を感じることになる。ずっと自分は恵まれることはないのだと確信しては、ひとりで嘆くのだ。

ステップアップするために

あなたは自分の生活と他人のそれとを比較して、自分のめぐりあわせが悪いと結論づける。自分の運命のあらさがしをしては、納得しようとする。

原因はそこにはない。あなたの反応力のもろさが原因なのだ。あなたは外力に対する抵抗力が乏しいのである。社会とか他人の価値観に影響されやすく、フラフラとすぐ動揺する。ひと口で言えば、自分が確立していない。ピシャッとした自分を持っていないのだ。そんな自分をあなたは弱いと決め込む。あなたにとって強い相手とは、恵まれた境遇にいる人のことだ。

だからあなたはそういう相手を標的にする。彼らの幸運と自分の不運を比較しては、ひがむのだ。ひがむ理由はない。あなたにも幸運は届いているのだ。けれどあなたは自分の幸運を放ったらかしにしておく。

自分は弱いから、受け取る資格はないと一方的に拒否しているのだ。あなたは間違っている。強さの反対は弱さではない。強さの反対はもろさである。自分の弱さを認めず、他人を羨み、妬ましい気持ちとつきあうのももろさゆえだ。

「私ってからだもこころも弱いなあ」と自分の弱さを認めたとき、その弱さは徐々に強さへと育っていく。五月の新芽と同じである。若いグリーンが少しずつ深いグリーンに変わってゆき、弱い葉っぱが強い葉っぱへと生長する。人も自然の一部だから、こころの葉っぱも生まれたては弱くてあたりまえだ。どんな強さも、前身は弱さなのである。けれど自分の弱さを認めず、若いちっちゃな芽をぐさぐさ踏みつけて暮らしていると、弱さは強さへの道を歩めないまま、もろさの現状維持生活になってしまう。

個性と運命は人ひとりひとり異なる。自分の境遇は個性と運命とが招いた世界なのだ。自分の境遇にもっと反応しよう。

人にとって、生きることが本業だ。その本業を面白く全うするための副業として仕事がある。

弱さ。それは新芽なのだ。弱さから出発しよう。生きものは全員がそうしてるじゃないか。自分の弱さに堂々と反応しよう。それが強さへの足がかりになる。弱さは恥ずかしいものではなく、誇らしいグリーンなのである。

7 「もっと丸くならないとダメよ」

「ひどーい、頭にきた！　課長ったら私のアイディアを自分が考えたみたいに言っちゃって、あんまりじゃない」とカンカンの新人。「そのくらいで怒りなさんな。もっと丸くならないとダメよ」となだめる先輩。

「彼とは性格が合わないのよ。別れるわ」と娘。「あなた、もっと丸くならないとダメよ」と母。社会では、カッカ怒ると周囲がたしなめたりなぐさめたりして、ものごとが荒立たないようにする。怒りっぽいキャラクターが怒らなくなると、「丸くなった」と言って褒める。車のタイヤの表面は丸くなると危険なのだが。

▼相手の心中は……

その相手だって「丸くならないと」なんていう対応をされたら、二度とあなたに相談事は持ち込まないだろう。

課長のやり方に新人が怒るのは当然だ。新人が丸くなってどうする？　尖《とが》って怒ってこそ新人である。

性格が合わない恋びととの関係を修復するには、丸くなっても仕方がない。きちんと尖って丁寧に話し合うことだ。

怒りは抑えなくちゃという生活習慣が、そもそも不健全である。なぜ怒りを感じるのか。その理由に注目しよう。個性によって怒りの感じ方は異なる。反応の違いが個性の違いだ。そこをもみ消しては、せっかく怒りの感情を与えられている意味がない。怒りは自分自身を知るカギだ。

カギを無視して丸くしちゃったら、自分のこころのドアは永遠に開かないだろう。「もっと丸くならないとダメよ」のフレーズを使い続けると〝向上心〟がなくなっていく。

▼あなたの失敗のスパイラル

怒っている相手を「まあ、まあ」と言ってなだめる人が、毎日の生活の中で全然怒りを感じていないかといえば、決してそうではないだろう。

「もっと丸くならないとダメよ」と思い込んでいるので、リアルタイムでは怒らない。怒りを感じても胸の奥に隠す。表面上はにこやかに取り繕うのだ。

しかし胸の奥に隠した怒りが自然消滅するわけではなく、いつしか怒りは憎しみや恨みに変質していく。そしてさらにブクブクと膨張する。出口をふさがれた怒りは、からだとこころに重くのしかかってリベンジを果たすのだ。

そよ風にも反応せず、ちょっとした痛みにも反応せず、デーンと構えて「もっと丸くならないとダメよ」と言っていると、怒りはからだの中で増殖していく。

ステップアップするために

あなたはそのセリフを耳から聞いて覚えたのだろう。怒りはよくないもの、我慢するもの、言葉や表情に出してはいけないものだと教わったにちがいない。

人のからだの中を流れるこころの血。それが感情だ。その感情の存在すら、長い間過小評価どころか、信じられないくらい粗末に扱われてきたのである。

人間って、自分の感情を殺しても生きてはいられるのだ。もちろん、苦しい。つらい。みじめだし、楽しくない。しかし、そうした苦しさやつらさなどを我慢することが強くなることだと教えられてきたのである。

我慢すると強くはならない。むしろ弱くなる。なぜって、感情の力を抑え、喜怒哀楽をきちんと表さず、自分自身を偽り、反応ゼロの生活をしていたら、からだとこころが萎えてしまうからだ。

さあ、もう過去の価値観に縛られていないで、あなたはあなたの発想で生きよう。怒りを感じることは怖くない。あなたの怒りは、あなたの個性の反応なのだ。

怒りをすぐに言葉にできなくてもいい。まずは、自分の怒りを認めるトレーニングをはじめる。それによってあなたは自分自身について詳しくなれるだろう。

感情を殺すことは自分自身を殺すのと同じだ。だからあなたは感情を殺す自分のことが信じられず、好きになれなかったのだと思う。

これからはこころの血がサラサラと流れるためのエクササイズをしよう。自分の感情を尊重し、大切に扱うのだ。

今日から明日へ、自分から自分への旅はつづく。景色とこころの変化を味わおう。変化に反応する力をつけよう。それがあなたに話力をつける。話力をつけることこそ、二十一世紀をウキウキ生きぬくための自己投資だ。

おわりに

ある日、私は自分の口癖に気づいた。「あ、生きてる!」というひと言だ。コインを落としたとき、キャンディや錠剤などを落としたとき、私はすぐに「あ、生きてる!」と言ってしまう。思えばそれは母の口癖だった。

彼女は料理をしながら、栗や銀杏だけでなくじゃがいも大のものを落としたときも、「あ、生きてる!」と言っていた。いつのまにか私は母の口癖を受け継いでいたのである。

口癖って面白いなと思いはじめた頃、カルチャースクールの話し方講座をやってみないかという話が舞い込んだ。それから二十年間。びっくりである。どうしてそんなに長い間、私は「退《や》めたいです」と言わなかったのか。

出逢いだ。その魅力に尽きる。

それはまず知らない人との出逢いであり、彼女や彼の感情との出逢いであり、そこで目覚める私自身の新しい感情との出逢いだった。最初は硬い表情の人が次第にホワッとした自由な表情に変化する。そのプロセスがたまらなく美しいのだ。ドキドキうっとりである。なんてゴージャスな歓びだろう。その歓びに口説かれての年月だった。

話し方。それはトレーニングで磨くものだ。トレーニングで磨かなければ上達しないものでもある。先天的な会話上手は存在しないのだ。会話の苦手な人ほど潜在力を持っていると思う。だから話し方で傷つき、話し方に興味を抱く。それも講座で教わった。

言ってみれば、現実社会はジム。そこでは予約や会費や授業料はいらない。あらゆる場所、あらゆる時間に話し方のエクササイズを積むチャンスがいっぱいだ。どんどんトレーニングして、幸運をコレクションしよう。

私もトレーニングに励まなくちゃ。新作オペラの企画に「よし！　スポンサーになりましょう」という声が返ってくるような依頼力を身につけたい。

編集者木造直美さんとの三冊目の本である。彼女と私との会話内容も成長したと思う。収穫の夏プラス秋だった。超弩級《ちょうどきゅう》のありがとうを込めて——。

チョコレートが美味しい季節に

八坂裕子

集英社文庫

幸運《こううん》の99%は話《はな》し方《かた》できまる！

2015年12月25日　第１刷　　定価はカバーに表示してあります。

著　者　八坂裕子《やさかゆうこ》

発行者　村田登志江

発行所　株式会社 集英社

東京都千代田区一ツ橋2-5-10　〒101-8050

電話　【編集部】03-3230-6095

【読者係】03-3230-6080

【販売部】03-3230-6393（書店専用）

印　刷　凸版印刷株式会社

製　本　加藤製本株式会社

フォーマットデザイン　アリヤマデザインストア　　マークデザイン　居山浩二

ISBN978-4-08-745397-3 C0195